実話奇彩
怪談散華

高田公太
卯ちり
蛙坂須美

竹書房
怪談
文庫

※本書に登場する人物名は、様々な事情を考慮してすべて仮名にしてあります。また、作中に登場する体験者の記憶と体験当時の世相を鑑み、極力当時の様相を再現するよう心がけています。現代においては若干耳慣れない言葉・表記が登場する場合がありますが、これらは差別・侮蔑を意図する考えに基づくものではありません。

華を散らす悦楽

この本を手にすると、あなたの目の前に一本の大木が屹立《きつりつ》する。

その大木には無数の枝が生え、それらの枝先には象《かたち》も色も大小も違った蕾がついている。

頁を捲ると、蕾が開く。

「ああ、この華は何と禍々《まがまが》しいのだ」

あなたの嘆息になびき、華は散る。

そうして読み進めるごとに、あなたは極彩色の華びらに埋もれていく。

本書に収載された怪異譚は全て、著者が体験者らから聞き取り取材をして得たエピソードを文章化した〈実話怪談〉である。身の毛もよだつ悍《おぞ》ましい話から、世界の深淵に触れたような不可思議さを持つ話まで取り揃え、奇妙な彩《いろど》りを持った一冊に仕上げた。

さて、華を開こう。

そして、散らそう。

あなたは、それが好きなのですから。

編著者　高田公太

目次

6

ちょきん

一人、盆の墓参りを終え、車を走らせて家に帰る途中。

ちょきん。

と、金属のハサミで何かを切ったような音が一度だけ、頭のすぐ後ろから聞こえた。

家に着き、うがいをしようと洗面所に向かう。
鏡を見ると、右の耳たぶの下半分がなくなっていた。
着衣に血が流れた痕跡はなく、柘榴《ざくろ》の種のような瘡蓋《かさぶた》が傷口を塞いでいた。
痛みはまったく感じなかったが、呆然としたまましばらく鏡の前から動けなかった。

件《くだん》の剥製

数年前、千葉県在住の千佳さんは一泊二日の名古屋旅行を計画していた。

自他共に認めるインドア派の千佳さんが、何故名古屋に、それも一人旅をしようと思ったのか。

「名古屋の○○○っていう百貨店で、妖怪関係の展示が掛かってたんです。その告知をSNSで見かけた瞬間に、あ、これはヤバい、絶対に見に行かなきゃと」

展示自体は近世の浮世絵や絵巻物がメインのよくあるものだったのだが、告知用のポスターには、とある有名怪談作家の所蔵で今回が初披露という〈件の剥製〉の写真が載っていた。

「その件の顔を見たら、いても立ってもいられなくなってしまって……」

千佳さんは即座に新幹線とホテルを予約したのだという。

件といえば人頭牛身、乃至《ないし》牛頭人身の怪物で、災害の直前に生まれる予言獣とされる。

別段、妖怪マニアというわけでもない千佳さんだが、件に関するその程度の知識は有していた。

ただ、どうして自分がそんなにも件の剥製に惹かれるのか、わけも分からぬままに彼女は旅行の準備を進めていった。

当日の朝、千佳さんは新幹線の発車時刻より大分早く東京駅に着いた。何しろ旅行自体が久しぶりだし、一人旅は初めての経験だったから、昨晩は殆《ほとん》ど一睡もできないほどに興奮していたのである。

「朝ごはんも食べずに出てきたから空腹ではあったんですけど、まずは予約したチケットを発券しようと思ったんです」

千佳さんが発券機の前に立つと、すぐ真横から視線を感じる。

横目でそちらを見遣った彼女はギョッとした。

隣の発券機でやはりチケットを購入しているらしい男が、千佳さんの手元を露骨に凝視していたのである。

これはひょっとして、私の座席を確認しているのでは？

千佳さんは身の危険を感じ、すぐにその場を離れたという。

そうしてしばらく歩いたところで後ろを振り向いたら、男はまだ発券機の前にいて彼女のほうをジッと見つめていた。

高級そうなスーツを着た会社の役員風の男性だった。目鼻にきちんと焦点が合わないような、酷くぼんやりした顔立ちだったが、千佳さんには男の顔に見覚えがあった。

「告知で見た、あの件の顔にそっくりでした」

男は千佳さんを舐めるように見つめながら、薄い唇を開いた。

〈僕は別に、予言とかしませんから〉

既に大分距離を取っているにも拘らず、はっきりと聞こえた。まるで脳に直接語りかけてくるようだった。

その途端、千佳さんは全身に物凄い倦怠感《けんたい》を覚え、ふらふらとその場に膝を突いてしまった。

近くにいた人が「大丈夫ですか」と手を貸してくれて、立ち上がったときにはもう男の姿は影も形もなかった。

結局、千佳さんは名古屋旅行を断念した。

「やっぱりあの件によく似た人のことが気になってしまって。『予言はしません』なんて言ってましたけど、そもそも件って、それが出てきた時点でもう何らかの災厄の予兆なわけですよね？　もしあのまま名古屋に行ってたら、一体どうなってたんでしょうか？」

夜蜘蛛

新宿区でビルのオーナーをしている丹羽さんから聞いた話。

丹羽さんが二十年ほど前に住んでいた荒川区の木造アパートでは、夜になると決まって天井裏から物音がした。

古い建物だったから、大方ネズミでもいるのだろうと思っていた。

ある日、近所の居酒屋でたまたま隣人の男と出会い、その話題を振ってみたところ、

「ああ、あれは蜘蛛ですよ」

事もなげにそう返された。

たかが蜘蛛にネズミほどの足音が出せるものだろうか。

「いえね。以前一度、天井裏にネズミ捕りを仕掛けたことがあるんです。そうしたら次の日、捕れてました。蜘蛛が。蜘蛛がですよ。感心するくらいデカい奴でした。あんなのがきっと、まだうじゃうじゃいるんですね、あのアパートには。正直、いい気持ちはしないです」

ネズミ捕りにデカい蜘蛛？

しかもそれがうじゃうじゃ？

この人、何を言ってるんだろう。丹羽さんは訝《いぶか》しく思った。

「蜘蛛かあ。なるほど、蜘蛛がねえ」

蜘蛛の大小や量について議論する気はない。

「はあ、蜘蛛は嫌だ。嫌いですよ。そうですか。蜘蛛ですかあ」

適当に相槌を打ちながらコップを傾けると、話題はそのうち「競艇で勝った」とか「パチンコで負けた」というような他愛ないものに変わった。

数日後の晩、丹羽さんが寝転んでテレビを観ていたら、またしても天井裏から物音がした。その音は、トトト、トトト、と鳴り、どうやら彼の頭上を移動しているらしい。

――あれは蜘蛛ですよ。

そんな馬鹿な話があるものか。

丹羽さんはテレビを消して立ち上がった。懐中電灯を持ち、押し入れの襖を開けると、物音が一層、明瞭に聞こえる。恐らくはちょうど上の辺りにネズミがいるのだろう。

天板を持ち上げ、そこから頭を覗かせた。

埃っぽさに混じって、仄《ほの》かに肉の腐ったような臭いが漂う。

ネズミの死骸でもあったら面倒だな。

そんなことを考えながら、丹羽さんは懐中電灯のスイッチを入れた。

「んん？　う、うおおおおおおっ！」

丹羽さんは押し入れから転がり出た。そうして気づいたときには、どのように逃げおおせたのかも分からないまま、靴も履かずに近所のパチンコ屋の駐車場にうずくまっていたという。

その部屋はすぐに解約し、引っ越し作業も業者に丸投げしてしまった。

あのとき、自分が見たものが何だったのか、丹羽さんには未だに分からない。

何にせよ、ネズミでなかったことだけは確かだ。

それは人間だった。

裸の女だったように思う。

少なくとも、人の身体にあるべきパーツは揃っていた。そう丹羽さんは述懐する。

問題は二点。

その女のサイズが、三十センチほどであったこと。

そして胴体から生えた八本の腕をぞろぞろと小刻みに動かし、埃まみれの天井裏を這いずりまわっていたこと。

——あれは蜘蛛ですよ。

——きっと、まだうじゃうじゃいるんですね、あのアパートには。

その言葉に納得はいかずとも、見てしまったからには不安は増すばかりだ。

14

安アパートの怪人達

快斗君は現在、滋賀県の安アパートに住んでいる。

木造、築三十年以上、共同トイレと、いかにも家賃が安そうな条件だが、駅まで徒歩で十五分。その途中にちょっとした商店街があるというので、生活に不便はない。

共同玄関から靴を脱いで上がり、ギシギシと軋《きし》む階段を上ると快斗君の部屋がある。学生寮や下宿のような造りをしているのである。

一階に四部屋、二階には三部屋があり、通年満室。

若い、とはっきり言える入居者は二十代の快斗君のみで、残りは五十代後半から七十代の男性が住んでいる。

「やあ、おはよう」

「おはようございます」

共同玄関や廊下で彼らに出会うと挨拶が交わされる。

が、快斗君はそれ以上の付き合いをなるべく避けるようにしている。

このアパートではしばしば、こんなことがある。

快斗君は早朝に新聞配達、夕方からコンビニでのアルバイトをしている。

年配の入居者は早朝にはもう目覚めていて、テレビの音や共同トイレに向かう音、大きな咳払いがそこかしこから響く。

当然、まだ寝ている者もいるので快斗君はなるべく静かに階段を下り、玄関へ向かう。

式台に座り靴を履いている最中、とんとん、と肩を叩かれる。

振り返ると、間近に人はいないものの、廊下奥の部屋の前に洋服を着た若い女性が立っている。

その存在に気づき、あっ、と思うとその女は笑みを浮かべるので、最近は肩を叩かれても振り返らないようにしている。

夜中、随分と乱暴な音を立てて階段を駆け上がる者がいる。

尤《もっと》もその音は、どん、と明らかに本来ある階段の段数を超え、ありもしない三階や四階にまで到達するので、恐らくは入居者の誰でもないのだろうと快斗君は想像している。

他の住人とその音に関する話題で会話を交わしたことがなく、「自分だけが聞いているのかは不明」とのこと。

「昨晩は家族が遊びに来たんだよ。うるさかっただろう。すまんね」

隣室に住む七十二歳は、時々すれ違いざまにそう謝罪する。

この薄い壁なら誰かが訪ねてきたら物音で分かる。

昨晩は静かなものだったというのに、何を謝る必要があるのか、と隣人の認知症を疑ったのはごくごく住み始めの頃の話で、後に実際、隣室からガヤガヤと老若男女の話し声が聞こえた。

深夜、五、六人がぺちゃくちゃと楽しそうにお喋りをする声が突如響き、何かを境にピタリと会話が止まった。

この薄い壁なら、誰かが訪ねてくるのも、出ていくのも分かる。

だが訪ねてもこず出ていきもしない者達の声が、ああも響くというのだから困る。

これがふた月に一度もあるのだから、なお困る。

一階には両肩の入れ墨をTシャツから覗かせる五十六歳が住んでいる。

この男はどうにも見た目の景気の良さと裏腹に「ドヨンとした雰囲気がある」と快斗君は話すのだが、これぱっかりは私見の域を出ておらず、何のエピソードもない。

18

ここに決めた

マンションの自宅内で、ユウスケさんはこのところ身に覚えのない汚れを目にするようになった。

室内のあちこちにそれはあった。筆先で突いたような黒い斑点状の汚れが、机や床の所々に付着している。

汚れに触れると指先が黒く滲み、雑巾で拭くと綺麗に落ちるのだが、カビのように周囲一帯に斑点が現れるわけではなく、まるで蟻の行列のように、小さな黒い点々が一列となって室内のそこかしこに発生している。

目を凝らしてみると、汚れの一つ一つは二、三ミリ程度の細長い形をしていて、何かの足跡のようだった。

部屋に害虫が侵入して徘徊した足跡だと確信し燻煙殺虫剤を焚いてみたが、足跡はその後も時々現れる。虫嫌いのユウスケさんは、足跡から推測される虫のサイズと、それが室内を歩く姿を想像した。

部屋の居心地がぐっと悪くなり、部屋を空ける時間が長くなる。

引っ越したくても、手間と費用を考えるとそうそう簡単にはいかない。

かといって、小虫の対処策も見つからない。

未だ姿が見えぬ虫との同居に悩む最中のある夜、ユウスケさんは寝苦しさを感じて目を覚ました。

左手の指先にむず痒い感触がある。

薄暗がりで目を凝らすと、数センチほどの大きさの黒い影が左手の中指の辺りで蠢《うごめ》く姿を確認した。

害虫がついに姿を現したのかと思い咄嗟《とっさ》に振り払おうとするが、身体が硬直して動かず、力を込めても指先すら微動だにしない。

結局為す術もなく、虫はするすると指をよじ登って掌に着地した。

想像していたよりも、上方に向けて長さがある。

いや、長いというよりは、二足歩行で立っているのが分かる。

針金細工の人形のような、手足の細長い小人の黒いシルエットが掌に降り立っているのだ。

小人は腕に向かって歩き出し、肘の手前で立ち止まった。

「ここに決めた」

はっきりと声が響いた。

黒い小人はずぶずぶと腕の中に沈んでいき、姿を消した。

翌朝、肘の内側を見てみると、小人の消えた場所には新しい黒子ができていた。

小さな足跡はそれを機に現れることはなかった。

ユウスケさんは腕に残った小人の痕跡を皮膚科に相談するべきか、悩んでいる。

先住者　二編

友人の伊東が引っ越したというので、蘇我さんは電車を乗り継いで訪ねていった。気の知れた友人数名で引っ越し祝いをすることになったのである。

駅を出て、地図アプリを頼りに曲がりくねった道を歩いていく。目印にしろと教えられた寺の前まで来たところで、スマホに着信があった。

伊東からだった。

「ここだよ、ここ。上見てみ」

蘇我さんが指示通り見上げてみると、すぐ目の前にあるマンションの五階ベランダから、こちらに向けて手を振る者がいる。伊東のように見えた。

「五〇四号室」

そう言って、電話は切れた。

エレベーターで五階に上がり、五〇四号室のインターホンを押す。

しばらく待つが、応答はない。便所にでも入っているのだろうか。

電話を掛け直すと、すぐに伊東が出た。

「おー、どうした？」

「どうしたじゃなくて、着いたよ」

「あ、すまん。今コンビニで買い出ししてて、会計済ませたところ」

「ああ？　だって今さっきベランダにいただろ？」

「いないよ」

「え？」

「え？」

「五〇四号室？」

「そうだけど」

「家に誰かいる？」

「いないよ」

「さっき電話しただろ？」

「してないよ」

その瞬間、扉の内側からカチッと鍵を開ける音がして、蘇我さんは駆け出した。

振り返ることなく一階まで階段を下りたところで伊東と鉢合わせた。

「やめろよ、気持ち悪いな……」

今しがたあったことを話すと、伊東はスマホを見せてきた。確かに蘇我さんへの着信履歴はない。確認すると蘇我さんのスマホも同様だった。

二人で五階に戻り、部屋のドアノブを回す。

「あっ……俺、鍵……鍵、掛け忘れたかな……」

蘇我さんの話の一部の辻褄が合ってしまい、伊東の声は震えていた。

蘇我さんはもう伊東の引っ越し祝いなんてどうでもよくなって、すぐにでもこのマンションから逃げ出したかった。

伊東がドアを開ける。

恐る恐る玄関に入り、洗面所、風呂場、トイレ、と確認していく。

人の気配はどこにもない。

リビングの扉を開いた瞬間、伊東が「うっ」と低く唸るのが聞こえた。

テーブルの上に真っ赤な液体がぶち撒けられている。

蘇我さんは緊張した。この流れで赤い液体となれば、鮮血かもしれない。

「これ、ケチャップだよ」

そう言って伊東は、床に落ちていたボトルを拾い上げた。

「何でこうなってるかは知らんけど」

「……おい、テーブルのそこ、手形みたいなのが付いてるぞ」

「……そう見えなくもないよな」

「おまえ、ひょっとしてこの部屋、そういう物件なんじゃないの？」

蘇我さんの問いに伊東は無言だった。

その時点で答えは出ている気がしたから、その後、二度と伊東の家には行っていない。


「その日以降、部屋で妙なことがあったなんて話も聞かないんですけど……」

どういうわけか、そこに越してから伊東はまるで人が変わったように内向的な男になってしまい、今では日がな一日、家に閉じこもっているそうだ。

「SNSではまだ繋がってますよ。けれどあいつ、たまにおかしな写真をアップするんです。それが何か怖くて、もうミュートしちゃおうかと」

マジでキモいから嫌だ、と渋る蘇我さんを説き伏せ、その「おかしな写真」とやらを見せてもらったところ、部屋の隅やベッドの下と思しき空間、クローゼットの中、テレビの裏側などの写真を大量に投稿していた。

「確かにこれはちょっとキモいですね」

そう言うと、蘇我さんはため息を吐いた。

「この写真のせいで変な夢見るんです」
ボソッとそう呟いたが、その「変な夢」の内容についてはどれだけ訊いても教えてくれなかった。

最近、伊東は部屋の賃貸契約を更新した。

※　※　※

「今住んでるアパート、越してきた直後から妙なことばかり起きるんですよ」
そう語る有坂さんはくたびれた表情を浮かべている。
押し入れの襖がひとりでに開閉する。
消したはずの電気が点いている。
深夜にインターホンが鳴る。
一人暮らしなのに視線を感じる。
どこからともなく、かすかな読経の声が聞こえる。

どれも気のせいの一言で片付けられそうな事象ではある。

とはいえ、一つ一つは大したことがなくても、それが立て続くとなれば話は別だ。もしや事故物件では？　と有坂さんは不安に思い、事故物件マップのサイトを覗いてみたものの、そこで何かが起きたことを示すマークは確認できなかった。

霊感があるという知人に事情を説明し、部屋の写真を見てもらったことも。

「上手く言えないんだけど、何か気持ち悪い感じだよね」

知人はそう言って首を傾《かし》げた。まるで参考にならなかった。


「同じアパートの人にそれとなく探りを入れてみました。前に住んでいたのはごく普通のサラリーマンで、交際相手の女性と結婚するって理由で引っ越していかれたそうです。他の部屋に何かが出るなんて話もまったくありませんよ」


という話を喫茶店で聞きながら、私はポチポチとスマホを操作し、地図アプリに有坂さん宅の住所を入力した。

ストリートビューに移行し、建物の外観を確認する。どこにでもありそうな三階建てのアパートである、が……。

「有坂さんの部屋って二〇一号室でしたよね？」

「そうですよ」

「道路側の部屋ですよね？」

「そうですよ」

「言いづらいんですけど、これ、御存じでした？」

差し出したスマホの画面を一目見た有坂さんは絶句した。

部屋の窓には、有坂さんの先住者のものだろうカーテンが掛けられていた。

そこには、お経か呪文のように見える漢字の羅列がびっしりと墨書されていたのである。

「あの、つまり、どういうことなんでしょうか？」

「すみません、俺には分からないです」

「ですよね」

「すみません、余計なこと言ってしまって」


その後、すぐに引っ越しを決めたそうだ。

眩暈《めまい》

上坂さんはその日朝から体調が悪く、二人の娘を保育園に預けたあと横になっていた。

彼女は小さな頃から、前触れもなく朝から酷い眩暈に見舞われることがちょくちょくあり、医者は自律神経の異常とばかり言う。結局、横になっていると午後には治るので、今では医者に行くこともしない。決して眩暈に慣れたわけではなく、単純にもう面倒になってしまっているだけなのだ。

横になっていると比較的楽だが、それでもほんのりとした吐き気が常に付き纏い、穏やかな気分には到底なれない。

夫が帰ってくる頃にはもう治っているのだろうが、こうやってただベッドに寝そべっている時間が、年に何度もあるわけではないとはいえ、いつも無駄に思える。

復調したら、皿を洗い、洗濯をし、廊下を軽く拭き掃除をするつもりでいる。

するつもりでいる、のだが。

日々のストレスからか、段々と腹が立ってきた。

何であたしばかりが家事をしているのか。

こんなに眩暈がする日に、何で家事のことなんか考えなければいけないのか。

怒りの矛先は夫に向く。

朝は心配しているようだったけど、どうせ今現在はあたしのことなんかついぞ考えていないでしょうね。この眩暈の苦しさはあたしだけにしか分からないもの。

むかつく。

むかつく。

むかつく……。


携帯が鳴った。

夫からだった。

『お前、会社来た？』

「ううん。横になってた」

『一階の受付の事務員が、上坂の妻を名乗る人が来たって言うんだよ。身体をふらふらさせて、俺に伝言があるって受付の人に言ってたんだって。そうだよな。急な用事あったら電話するよな……』

「あたしじゃないよ……まだ具合悪くて、寝てるもん」

『だよな』

「そのニセモノはどんな伝言残したの？」

『いやぁ、意味分かんないよ』

「何？」

『サラ』

「さら？」

『そう。さら、とだけ伝えてほしいって言ったんだって』

「……皿？」


確かに夫に洗ってほしかったが、自分にそんな能力があって、そんな能力をうっかり発動してしまうほどに洗ってほしかったのかと、上坂さんは酷く驚いたそうである。

「ファ」の日

幼い頃からピアノを習っていた佐伯さんは、非常に音感が良い。楽器の音色や曲のメロディだけでなく、日常生活で自然と耳に入る音も固有の音程を感じ取りながら暮らしている。いわゆる「絶対音感」の持ち主なのだ。

自宅にいると電化製品や換気扇の音それぞれが、「ド」や「レ」などの音を発しながら稼働していることが分かり、宅内のものが発する音色と音の高さの違いを、彼女は一つ一つはっきりと感じる。

機器の調子が悪いときは、カラオケのキー調節のように稼働音の微妙な変動があるとはいえ、それらはいつも決まった高さだ。

しかし困ったことに、宅内で聞こえてくる音のキーには音楽的な調和がなく、無意識のうちにコード（＝和音）を認識できる人間にとって、他人がそう感じるよりも一層、不協和音（＝雑音）として耳に届いてしまうそうだ。

昨年から自宅勤務をしている佐伯さんは、仕事に集中できるようにと、耳栓を使用しつつ、電化製品の出力を弱めたり電源を切ることで対応している。

佐伯さんには、「使っている電化製品の音の調和が取れた日」が、かつて一日だけあったという。

冷蔵庫が「ファ」。

エアコンが「ファ」。

加湿器が「ファ」。

その日は、ばらばらの音程で耳障りな音だったもの全てが「ファ」の音を発し、まるで家じゅうの電化製品がお互いにチューニングをし合っているかのように鳴り響いていた。

最初は電化製品の故障を疑ったが、どの製品も動作に問題はなく、漏電などのトラブルもない。結局原因は分からなかったが、何にせよどれもが同時に「ファ」の音で揃ってしまうのは初めての体験だった。


そして、「ファ」の日の晩にそれは起きた。

入浴後にドライヤーの電源を入れると、これもまた「ファ」の旋律で熱風を吐きながら唸り始めた。

髪を乾かしていると音が心地よい。彼女は無意識のうちに、ドライヤーの音に合わせてハミングしながら髪を乾かしていた。

（ん？）

鼻歌とドライヤーの音に混じって、別の音が耳に入ってきた。

音はドライヤーの吹き出し口から発せられている。

佐伯さんはハミングを止めて、音に耳を澄ました。

アーーーーー。

女性が発声練習をしているかのような響きがドライヤーの奥から聞こえてきた。

故障かと思い、佐伯さんがそのままドライヤーの電源を切るとその響きは消えた。

そして、翌日。

起きてすぐ、屋内であの心地よい「ファ」が鳴っていないことに気が付いた。

昨日は奇跡の一日だったのだな、と諦める。

そうして電化製品が元通りに不協和音を奏でる中、佐伯さんのマンションの真上の部屋の住人が遺体で発見された。

一人暮らしをしていた女性が、失職を理由に自死していたのだ。

佐伯さんと上階の住人は、挨拶程度の付き合いしかなかったそうである。

ハミング

「フィリピンでも、学校って変なものが出やすい場所だと思う。僕の高校なんて、建っている土地が戦時中は日本軍のキャンプだったんだよ。学校が建ってからも、生徒の自殺とか強姦事件が噂として残っているし。『学校の怪談』は友達や先生から色々聞かされた。僕も変な目に遭ったことがある」

そう教えてくれたのは、オンライン英会話で先生を務める二十代のチャド君。

教室での雑談がてら、フィリピンの怪談事情を訊ねつつ自身に心霊体験はないかと伺ったところ、親切にも色々と話してくれた。

チャド君が通っていた高校での話。

当時、チャド君は放送部に所属しており、放課後に活動していた。

高校の時間割は七時半に始業で十六時が下校時刻。十七時には校内に残っている生徒は殆どおらず、夕刻の学校は閑散としていた。

その日はチャド君を含めた四人の生徒が十八時過ぎまで校内に残り、顧問とともに放送室でスピーチの練習をしていた。生徒がマイクに向かって原稿を読み上げる音声を、顧問がヘッドホンで逐一チェックし、生徒の言い間違いや滑舌の乱れを指摘する。

しかしマイクの調子が悪いのか、音声にしばしばノイズが混じり、生徒の声がクリアに拾えない。これでは練習にならないと顧問が愚痴を漏らしていると、外から女子生徒のハミングが聞こえてきた。

生徒が一人で何かのメロディを鼻歌で歌っている。だが声量が大きく、歌声は窓越しに放送室まで届いている。このままスピーチの練習を続けても、マイクは歌声も一緒に拾ってしまいそうだ。

女子生徒に声を掛けて、歌うのを止めてもらうか、別の場所に移動するかお願いしようと、顧問は窓から校庭を見下ろして女子生徒を探した。

しかし、校庭のどこにも生徒の姿は見当たらず、顧問が大声で呼びかけてもハミングは止まない。

歌声は確かに窓の外の校庭から響いてくる。この日は放送部以外のクラブ活動は行われていないはずだったものの、生徒の一人や二人が何らかの理由で居残っていてもおかしくはない。

何にせよ、このままでは練習にならない。顧問と生徒四人は、歌う女子生徒の所在を求めて校庭へ向かった。

校庭を見渡しても生徒がどこにいるのか分からなかったが、ハミングはまだ聞こえる。

校庭へ出た途端に声が遠のいたようだ。

ハミングが聞こえるほうに当たりを付けて駆けてみるも、まるでチャド君達を引き離すかのように、声はますます遠ざかる。手分けして生徒を捕まえようと校内のあちこちを巡ってみたものの、誰ひとりハミングの主を捉えることはできなかった。

結局放送部の全員が捜索を諦めて部室に戻った。

すると、程なくしてハミングは先ほどよりも大音量で部室内に響き出した。

これではあんまりだ。練習どころではない。

ハミングはスピーカーからも鳴り響いている。

マイクの電源がオンの状態で放置されていたため、間近で響くハミングをマイクが拾い、スピーカーから出力されていたのだ。

「ひょっとして、部室内に隠れているんじゃない？」

「そもそもスピーカーとマイクを繋いだのは誰だ？　さっきまで、そんなことしてなかっただろう」

皆で必死に部室内を捜索するも、機材だらけの狭い部室に生徒が隠れられる場所なぞない。そして、マイクの電源をオフにしても、ハミングは変わらずスピーカーから流れ続けた。

「ったく、何でだよ！」

顧問は怒りに任せ、スピーカーの電源コンセントを引き抜いた。

その瞬間、部室はしんと静まり返り、延々と続くハミングは途絶えた。

「もう練習にならんだろ。さっさと帰るぞ」

顧問は生徒達に、すぐに片付けて帰宅するよう指示を出す。

チャド君達はどうにも腑《ふ》に落ちないまま帰り支度を始めた。

「ふ、ふぅぅぅぅーーーーーん、ふぅーーーーーん、ん」

また、今しがた電源を引き抜いたはずのスピーカーから、生声のハミングがけたたましく拡声された。

皆で絶叫し、銘々のカバンを掴んで逃げるように帰宅した。

その日以降、放送部の活動は放課後ではなく、早朝のみになったという。

38

オレンジの髪

学生時代、ドイツへ留学していた谷口さんから聞いた話。

同じ学科の友人に、ミッケル君という同い年の学生がいた。

彼はミュンヘン出身の、中流階級の家庭で育った白人男性。進学とともに親元を離れ、勉学に励む傍らアルバイトでモデルの仕事をしている。

ミッケル君は百八十センチを超える長身で、筋骨隆々の肉体は日々ジムでのトレーニングで維持している。Tシャツを一枚着ただけのラフな姿でも人目を惹きつける彼は、鼻筋の通った端正な顔立ちも相まって、谷口さんにとって眩しい存在であった。

ミッケル君は交友関係も華やかで、谷口さんの知る限り、彼氏は取っ替え引っ替えの状態だった。というのも、ミッケル君は男性同士の出会いの場としてとあるクラブに通い詰めており、そこで気に入った相手を見つけては一夜を共にするという、奔放な楽しみ方で夜の生活を満喫していたのだ。学生の彼にとっては、末永く連れ添えるパートナーよりも、ひとときの快楽を共にできる相手が欲しかったのだろう。

その日も、ミッケル君はジムでトレーニングをしていた。

一通り身体を動かし、シャワーを浴びてからクラブへ行くのが日課だったが、彼の場合はその後の性行為が控えているので、身体を洗うだけでなく、必ずジムで用を足してから出かけるようにしていた。

そういうわけでミッケル君がトイレで便器に腰掛けていると、突然肛門に違和感が生じた。

異物を捻じ込まれたような、排泄時には感じるはずのない感触があった。

驚いた彼は腰を浮かせて自分の尻に、恐る恐る手を回した。

異物を掴み横にずらしてみると、ひと房のオレンジ色の髪の毛が、馬の尻尾のように尻から垂れ下がっていることが分かった。

恐る恐る引っ張りだして確認すると、オレンジ色の毛は光沢のあるウィッグ用の人工毛で、長さはセミロングほど。性行為中に挿入されたり、もちろん自分で飲み込んだりした記憶はない。突如身に覚えのないものが肛門に挿さっていたわけである。

まるで便器の下から伸びてきた手が、髪の毛を無理やりミッケル君の尻めがけて捻じ込んだような感触であったが、そんな悪戯はあり得ないだろう。長い髪の毛はそのままトイレに流すわけにもいかず、ゴミ箱に捨ててクラブへと直行した。

その日に遊んだ男性は、魅力的ではあったが麻薬常習者でどこか胡散臭《うさん》く、素性の見え難い人だった。

後日、その男性と連絡を取ってみたものの音沙汰はなく、クラブの常連に訊いてみたところ、彼は殺害容疑が掛けられている、との情報を得た。

まだ正式に立件はされていないものの、その男性のパートナーが事件の被害者であったため、第一容疑者として挙がっている状態らしい。

(そうか、あの人は相手がいたのか……)

彼と一夜を共にし、少なからず好意を抱いていたミッケル君は、殺害容疑に慄《おのの》くとともに、内心では嫉妬の気持ちに襲われていた。

「殺された男ってどんな奴？」

興味本位でクラブの常連客に質問すると、「何だオマエは知らないのかよ」という顔で返答があった。

「ほら、あいつだよ。たまにここに遊びに来てた、オレンジのヅラかぶってるオヤジ」

「……オレンジのカツラ……あっ！」

確かに常連客の中にオレンジ色の長髪姿の中年男性がいた。

好みではなかったため、一切興味が湧かなかった男性である。

その後、被害者の殺害時刻がミッケル君と過ごしていた時間帯と一致していることが判明し、男性は逮捕を免れた。

「オレンジのオヤジ、絶対俺に嫉妬してきそうじゃん。彼と付き合ったらさ、またケツに髪の毛突っ込まれそうで怖いんだよ。殺されても好きな男を守る……みたいな？しかもその人、殺人はやってなくても詐欺やってるって噂もあるし。危ないから深追いするのはやめておいた」

谷口君にそんな話を教えつつ、ミッケル君は今も懲りずにクラブへと日々繰り出している。

殺されたオレンジの髪の男性は、ミッケル君と同じジムを利用していたそうだ。

シンガポールにて

三木本さんはこれまでの人生の中で、一度だけ海外旅行をしたことがある。

行き先はシンガポール。

数年前、妻とまだ二歳だった娘との家族旅行だった。

宿泊先は、市内中心部の小綺麗な三ツ星ホテル。

ベビーカーに娘を乗せての海外には素敵な思い出もあれば、辛かった記憶もある。

「普通に考えれば無謀ですよね。娘に何かあったら大変ですから。でも、今思うと、シンガポールに呼ばれていた気がするんですよ。……というのも——」


——シンガポール二泊目の夜。

三木本さんは尿意を催して目が覚めた。

ベッドから起き出しバスルームに向かおうとしたところ、部屋のドアの下で膝を抱えてうずくまっている人影が目に入った。

強盗に入られたかと思い、全身に緊張が走る。

初めての海外。初めて泊まるホテル。部屋は七階でオートロックだが、強盗は昼間のうちに都市伝説よろしくベッドの下に潜伏し、客の自分達が寝静まった深夜、今正に動き出したところかもしれない。

(寝ているふりをしてやり過ごすしかない……)

身の安全を守ることを第一に考え、再びベッドに入り狸寝入りをした。

しかし、しばらく経ってもドアの傍にいる不審者が部屋を物色し始めた気配がなく、室内は家族の寝息が静かに漂うばかりだ。不思議に思い、音を立てないようにベッドからまた身を乗り出すと、人影は先ほどと同じ場所、同じ姿勢で静止している。

シルエットを見る限り体格は華奢《きゃしゃ》で、三木本さんは侵入者を女性と判断した。

身体をこちらに向けているが、俯《うつむ》いているので表情は見えない。

暗闇に目が慣れてくると、彼女の頭部からは血が流れ、着ている服が著しく汚れていることが分かった。

(な、何事だ……)

状況を理解できないまま三木本さんは布団を深く被り、このまま寝てしまおうと腹を括った。しかし数分間耐えてみたものの、当初にベッドから出た理由である尿意自体は収まらない。結局、用を済ませたい気持ちが勝ってもう一度起きることにした。

(……増えてる)

ドアの前でうずくまる女と向き合うように、五歳くらいの小さな子供が立っていた。

女とは対照的に子供の服は小綺麗で血もない。

子供は純白のワンピースのような服を着ていて、髪は肩まで伸びている。

女と子供は、まじまじと様子を窺《うかが》う三木本さんのほうに顔を向けるわけでもなく、ただその空間で静止していた。

(この二人、ヒトじゃない……かも)

三木本さんはしばらく二人を眺めていたのだが、やはり尿意は誤魔化せない。トイレに行くには、ちょうどバスルームのドア前にいる子供に消えてもらうか、避けてもらうしかない。

(ヒトじゃないなら、部屋が暗いから見えるだけで、明るくなった瞬間に消える……かも?

ホラー映画とかならそうなるしな……)

消す方法について悩んだ三木本さんは、客室の照明を一斉に灯した。

(うわ……)

無駄だった。

明かりの中にいる二人の姿がより鮮明になってしまった。

（……ダメか……よく分からん……）

最後の手段は、協力者を得ることしかない。隣のベッドで寝ている妻を揺り起こし、今起きていることを言い含めるように説明した。


「触ってみればいいじゃん！」


寝起きの機嫌が悪い妻の逆鱗に触れ、助けを得るどころか、最もやりたくないことの提言をされただけで彼女は眠りの世界に戻ってしまった。

それでも、尿意の限界を感じ始めた三木本さんは勇気を振り絞った。

触って、子供を退かせば便器はすぐそこだ。

子供に近づき、顔を背けながらそっと白い服に手を伸ばす。

（あれ？）

ぐっと服を掴むと、ごわついた生地の感触があった。

瞬間、様相が変わった。

三木本さんが握ったのは白いタオルだった。

子供がいたはずの場所には娘のベビーカーがあり、ベビーカーに掛けていたバスタオルを握っていたのだ。

ドアの前に佇《たたず》む二人の姿は、そこから消えていた。


この旅行の直後、三木本さんは父親から家系図の作成を依頼された。

高齢で闘病中の父親は、余命宣告を受けている。

自分が亡くなる前に、三木本さん一族のことを可能な限り調べてほしい、終活として自分がやる予定だったが、先が短いので代わりに引き受けてくれないか、というのが父親の依頼であった。

三木本さんは親戚一同に連絡して調査をしていたところ、三木本さんの叔父のひとりが、B級戦犯であったことが判明した。戦時中はシンガポールに駐留し、戦後に帰国したのち結婚したので、親戚の中でも伏せられていた事柄であった。

この叔父は既に鬼籍に入っているため、それらの詳細を伺うことはできないし、仮に生前に訊ねたとしても、叔父が経験した出来事を語ってもらうのは難しかっただろう。

三木本さんは、叔父についてこれ以上詳しく調べることを差し控えた。

「タイミングがタイミングなんでそう思っちゃうんですけど、あの女の人と叔父って、何か関係あったのかなって考えちゃうんですよ。写真で見ると、若い頃の叔父さんと僕って、背格好も顔も凄く似てるから。こんな偶然、あります？」

——シンガポールに呼ばれていた気がするんですよ。

三木本さんの娘はもうベビーカーを必要としないほどに成長している。

元気に、成長している。

名前

麗美さんはＳＮＳで知り合った友人の聡子と韓国旅行をした際、ソウル中心部のとあるホテルに宿泊した。

旅の記念にと部屋で写真を撮る。

二人でスマホを確認したところ、背後の壁に男の顔があった。

「こういうの、シミュラクラっていうんだよ。三つ点があると、顔に見えるっていう奴……」

と現実的なことを言いつつも、聡子の顔は相当に引き攣《つ》っていた。

麗美さんも、これは不味いだろうと思った。

写り込んだ男の顔は、目鼻口はもちろん、黒子やシミの位置まではっきり見分けられたのだ。

男は完璧なカメラ目線で、ニンマリと満面の笑みを浮かべていた。

二人はこの部屋に泊まるのかとうんざりしたが、スマホの画像を理由に部屋を変えてくれるとも思えない。

そして夜。

麗美さんが寝苦しさに目覚めると、ベッドの脇に黒い影が立っていた。

写真の男だ。

きっとそうなんだろうと麗美さんは思った。

あんなにはっきり写るんなら、きっと夜には平気で現れる類のものなのだ。

影はもごもご何事かを囁《ささや》いているようだった。耳を凝らすと韓国語のように聞こえた。

男はしばらく立ったまま囁き続けたが、そのうちに煙のように消え、同時に麗美さんは耐え難い睡魔に襲われた。


翌朝、背中にむず痒さを覚えた麗美さんが鏡に映したところ、文字のように見えなくもない複雑な蚯蚓《みみず》腫れができていた。

これが文字だとすれば、恐らくハングル。

韓国語が堪能な聡子に蚯蚓腫れを見せると表情が一変し、

「これ、麗美の名前だよ……」

と言った。

蚯蚓腫れはその日のうちに消えたが、流石に気に懸かる。

を受けた。聡子の強い勧めもあって、麗美さんは帰国後、人づてに紹介された霊能者の下でお祓い

聡子には「お祓いしてきたよ」とメッセージを送った。

しかし、返信はなく既読表示にもならなかった。

それから数日後、彼女の恋人を名乗る男から「聡子が事故死した」という素気ない電話があった。

葬儀の日取りも場所も教えてもらえず、共通の知人もいないため、麗美さんは未だに聡子の墓前に手を合わすことすらできていないそうだ。

水に嫌われてるのよ

漫画家のタエさんは道を歩いているといきなりへなへなと足腰の力が抜けて動けなくなってしまうことがある。

小さい頃からずっとそうで、御両親は何か筋肉や骨、脳に異常があったり精神的な問題ではないかと色々な病院に連れていったが、原因は分からず仕舞いだった。

だが、大きくなるにつれ、タエさんは自分がそうなってしまう場所の共通性が何となく見えてきたという。

決まって、水場の近くなのだ。

川であったり公園の噴水であったり、あるいは市民プールのすぐ傍であったり。

そうと分かれば水場には近寄らなければよい、というわけにもいかない。そんなことは山の高所とか砂漠の真ん中にでも移住しない限り不可能であろう。

幸い現在のタエさんは、漫画家という職業上、勤めに出ている人よりは外出の機会が少ない。そういうわけで職の特権を生かしつつ日常生活では極力水のたくさんある場所を避けていたものの、それでも限界がある。

最悪だったのは以前の交際相手の家が四方を川に囲まれた地域にあったことで、彼氏の家を訪ねるときには、必ず駅まで迎えに来てもらっていた。どういうわけか、誰かと手を繋いでいればへたりこむようなことはなかったのだ。

あるとき、友人の漫画家に紹介されて、タエさんは一人の霊能者と面会した。タエさん本人は渋ったのだが、スピリチュアルに傾倒している友人がどうしてもと譲らないので、顔を立てる形で会いに行ってみたのである。

霊能者の事務所は都心の雑居ビルの中にあった。

現代アートの複製画らしきものが壁にたくさん掛けてあり、頭が悪そうだなと思った。当の霊能者は高圧的な態度のおばさんで、高価そうなネックレスや指輪をじゃらじゃら着けていた。

もうその時点で「胡散臭いな」という気がガンガンにしていたのだが、霊能力を行使したのか何だか知らないが、彼女の考えはすぐに向こうに知れてしまったらしい。

「あんた、あたしのことを信用してないね。詐欺師か何かだと考えているね」

おばさんはどんどん不機嫌になっていく。

友人の手前、怒らせてしまうのは不味い。

そう思いタエさんが下手に出ていると、霊能者はフンと鼻を鳴らした。

「普段は高位の存在を信じていない連中が、困ったときだけはそうやってペコペコと卑屈になる。いい加減、うんざりなんだよね」

などと言いながら、デスクから取り出した木簡らしきものにサラサラと筆を走らせた。

「これを肌身離さず身に着けなさい。あんたの場合、根本的な解決は無理。対症療法しかない。そのうち黒ずんだりひび割れたりしてくるけど、しばらくは大丈夫。文字がかすれて、完全に読めなくなった頃にまた来なさい」

ありがとうございます、とそれを押し頂いたタエさんだったが、結局のところ、何が原因なのかはさっぱり分からないままだ。恐る恐るそれについて訊ねると、霊能者は小馬鹿にするような薄笑いを浮かべた。

「鈍いんだねえ。あんたの血は穢《けが》れてるでしょうが。水に嫌われてるのよ」

頭にカーッと血が上った。怒りで全身が火照り、ぶるぶると手が震えた。

自分に外国の血が流れている事実は、タエさん本人でさえ成人するまでは聞かされなかったことであった。大方卑劣な手段で下調べしたに違いない。

激昂したタエさんはもらったばかりの木簡を力任せにへし折り、その場に放り捨てた。

途端に血相を変えた霊能者が「クケェエエエッ！」と怪鳥のような声で叫び出したのを

無視して、タエさんは事務所を後にした。

友人からは何度も電話が掛かってきた。応答せずにいると、今度は長文のメッセージを連投してきたので全て削除、ブロックした。手紙が届いたが、読まずに捨てた。

しばらく経って、今度は家にまで訪ねてきた。

そうなれば流石に追い返すわけにもいかず応対したところ、友人は酷く憔悴《しょうすい》した様子だった。土下座せんばかりの勢いで謝罪された。

タエさんのほうでもその頃には腹の虫が治まっていたので「もういいよ」と答えた。

友人はひたすら平身低頭していたが、帰り際に、

「あの先生、今入院してるんだ」

そんなことを呟いた。

正直、いい気味である。

「へえ、そうなんだね」

タエさんの返事を聞くと、友人は彼女の顔を上目遣いに窺いながら、こう言った。

「肺に水が溜まる病気なんだって」

タエさんは今も水場の近くで動けなくなることがある。
件の霊能者がその後どうなったのかは聞いていない。

彼女の友達

金田は二十代半ばの頃、「人生を考え直したくて」新卒で入社した大手企業を退職した。四十歳となった現在は小さな印刷所で働いているが、そこに至るまでに様々なアルバイトをこなし、計三度の転職を経ている。

彼が三十路に差し掛かる前のフリーター期に話は遡《さかのぼ》る。

当時、金田は外資系アパレルショップの物流倉庫でアルバイトをしていた。実店舗の洒落た雰囲気とは真逆のいかにも倉庫然とした仕事場は、いつも足を踏み入れるなり気が滅入ったものだが、仕事自体は楽だったこともあり、何となく一年近くそこに居座っていた。

三階建ての大きな倉庫には常時五十人以上のアルバイトがいて、社員は数えるほどしかいなかった。庫内の労働者の男女比を見ると、圧倒的に女性の割合が多くを占めていた。検品の類は力仕事がほぼないので女性に人気があるものの、時給はかなり安い。そういうわけで何が何でも稼ぎたい血気盛んな男性に検品バイトは不人気だったのだ。金田はといえば、別にしんどい真似をしてまで高い時給を求める気はなかった。とにかくのんびりやれれば、それで良かったのである。

一年も同じ場所で働いていると、初めのうちは口も利かなかったバイト仲間も顔馴染みになり、気が合うなら飲み仲間にもなる。

そうこうする間に、彼女ができもする。

当時の金田の交際相手、智子は二階にある梱包や包装、不良品の直しなどをする部署で働いていた。

金田は智子を「ごく普通の女の子」と私に表したが、交際を決めたのは「とにかく酒が強く、宵っ張りだったから」だそうだ。

二人は週五で九時間余りを倉庫で過ごし、勤務が終わると夕飯を食べてから酒を飲みに行った。智子は三つ年下だったが、酒豪の割には落ち着いた性格で、癖も悪くない。金田も何かとはしゃぐのが苦手なタイプで、智子の醸す雰囲気は性に合った。

殆どものも言わずに働いて、仕事を終えても殆ど会話をせずに飲み食いする。

そんな淡々とした交際が二人の幸せだった。

金田のアパートは職場から電車で四十分ほどのところにあった。

二人は時々互いの住処を訪れ、一夜を明かしてから肩を並べて出勤することもあった。

そして、ある夜。

金田の部屋でテレビを観ながら二人で飲み交わしていると、智子の携帯が鳴った。

智子は「もしもし」と応答したあと続けて「うんうん」と相槌を打ち、ちらりと金田に目配せをしてから外へ出ていった。

金田は彼女のその振る舞い自体には別段の異常を感じなかったが、出ていったまま三十分が経過すると長電話の内容が気に掛かった。

いつもは「今は出先だから」とでも言って早々に電話を切るような性格なのだが、どうもこの電話は打ち切り難い内容なのだろう。智子の交友関係に関しては、倉庫内でそこそこ仲の良さそうなバイト仲間の顔ぐらいしか思い浮かばない。思えば二人ともそれぞれの過去を深く話し合ったこともない。取り立てて彼女に堪《たま》らなく愛おしさを感じるということもなく、何となく付き合っているという意識もはっきりあり、結局のところ彼女はいつまでも余り知らない人なのだ。

一時間後、彼女は無言で部屋に戻ってくるとそのままテーブルの前に腰を下ろし、何食わぬ顔で飲み掛けの缶ビールに口を付けた。

「どうしたの？」

金田はいかにも一時間の不在を気に掛けていないような声色で、そう言った。

「え？」

「いや、長電話だったから」

「ああ、田舎の友達」

田舎。

香川の幼馴染みか。

「何かね――」

今度は彼女の声色に何かが乗っていた。

「――昔から占いまがいのことが得意な子でさ」

「占い？」

「占い……みたいなもの。霊感？　何かそういうタイプの」

現実主義の智子から、らしからぬフレーズが飛び出す。

「何か、あたしに変なのが取り憑いてるってしつこいのよ」

金田は「へえ」と応じてはみたものの、二の句が継げずにゆっくりと目線を彼女からずらした。

その類は最も興味のない話題だ。

幼馴染みを非難するような言葉をぶつけるくらいなら、話を逸らしたほうがいいだろう。

「さっきなんて、あたしに取り憑いてるもののせいで、彼氏も大変になってるって言うから。そんなわけないじゃんね……」

金田は智子も幼馴染みの方向性に否定的だったことを喜び、「馬鹿みたいな話だね。あいうのって、本人は良かれと思っているからなあ。あしらいづらいよね」とはっきり言うと、智子も同調したように目をぎゅっと瞑《つぶ》り顔を顰《しか》めた。

「そうそう。性格良いのは分かるけど信じるわけないのよ。何よ……」

よほどストレスが溜まっていたのか、普段の二倍は声量が大きく、会話のテンポも速い。

金田は仄かな面白みを覚えつつ、堰《せき》を切ったように憤慨する智子を見つめる。

「何よ……右腕がない女の子って何よ。薄気味悪い。そんなこと、普通、電話で長々話す？」

「右腕がない……女の子……」

金田はその言葉を聞くと心がずしりと重くなった。

東京生まれの金田には、小中と同じ学校を通った女が一人いる。

女の名前は京子。

京子は生まれつき右肘から下がなく、そのせいで友達が少ないということもなかったが、同級生の男達からはどこか敬遠される存在で、金田は特に京子を避けていた。

廊下でただすれ違うにしても、腕を見てはいけない、うっかり失礼な扱いをしてはいけないと緊張し、結果、無視をするようになった。

根っこには優しさがあった故の行動とはいえ、無視は無視だ。同じクラスだった京子から声を掛けられても聞こえないふりをしてやり過ごし、近くにいてもとにかく目を合わせない。なまじ京子の容姿が整っていたせいで、思春期の複雑な心情も加味される。

ついぞ忘れていた記憶の扉が開き、強い罪悪感が酔いを覚ました。

「あのさ……」

急に重苦しい雰囲気を漂わせた彼氏の様子に智子はハッと表情を変えて身構えた。

「その幼馴染みの友達に、俺のこと何か話した？」

「ううん……何も。彼氏がいるってことも教えてないのに、さっきの電話で急に『彼氏にも』って」

京子は二十歳を迎えると間もなく結婚し、その数年後に癌で亡くなったと親から聞いている。信じたくはないが、智子の幼馴染みの話は、荒唐無稽なルールに則ってはいるものの、辻褄が合いそうに感じてしまう。

しかし、何故今このタイミングで京子の話になるのか。

あなた、あのとき私をいじめていたでしょう、とでも言いたいならもっと死んで間もない時期にでも存在を示すべきではないのか。

それに、何故智子に〈取り憑いている〉ということになってしまうんだ。

もし、恨みがあるなら俺に来るべきじゃないのか。

金田の思考は、このとき本来信じていないはずの世界にすっかり呑み込まれていた。

いっそ、その幼馴染みとやらに自分から電話をして話を訊こうかとも思ったが、それをしてしまうと、二度とまともな世界へ戻ってこられない気がする。

そうだ。何も気にせず、これまで通りに鼻で笑っておくべきなのだ。

「……もし気になるなら、あたしから、電話して『彼氏が怒ってるよ』って伝えようか？あたしだってさっきは電話口で怒りそうになってたんだから」

「いや……いいよ。何でもない。智子に何か悪いことあったら嫌だなって、ちょっと思っただけだから」

その後、そのまま泊まると思われていた智子がおもむろに帰り支度を始め、言葉少なに部屋を出ると、金田は実家の近所に住む旧知の友人の携帯を鳴らした。

『どうした？　久しぶりじゃん。バイト頑張ってんの？』

「あのさ……お前さ。京子……覚えてる……？」

　金田は友人に智子との会話の内容を、学生時代の自分の気持ちも交えて伝えた。

『ああ、何か込み入った話だね……。そっか。でも、俺はお前が京子をいじめていたとは思わないよ。うちの学校、そもそもいじめとかあんまりなかったじゃん。それでも京子がお前に取り憑いたってのは……』

「違う違う。俺じゃなくて、智子に取り憑いたってんだよ。俺じゃなくて……」

『ああ、そうか。ややこしいな。にしても、京子な、お前のこと好きだったんだよ。俺、本人から聞いたもん。これは本当。だから、お前のところに行くってのは、何か納得いくよ』

「京子が？　俺のことを？　そうだったの？」

『そうだよ。京子とは俺、普通に仲良かったもん。お前がつれないから、結構悲しんでたんだぜ。それとさ、さっき話を聞いてて思ったんだけど、お前ちょっと勘違いしてるな』

「勘違い？　俺が？」

『京子、まだ死んでないぜ。確かに癌が再発してちょくちょく手術するのが大変らしいけど、あくまで入退院を繰り返しているだけだよ。俺、去年お見舞いに行ったもん』

かつて京子が自分への恋心を抱いていた。

そして、彼女が未だ存命であるという事実。

確かに母が井戸端会議から持ち帰る話にはかねて怪しいものがあった。

しかし、これらの情報を整理しても、結局は何が何だか分からない。

友人との電話を切り、気を紛らわせようと改めて冷えたビールを口にするも、アルミ缶がにがい。


そして智子からのショートメール。

「きょうか」って名前に覚えある？

京子なら知ってる。

翌日、友人からメール。

京子、二カ月前に亡くなってた。墓参りに一緒に行く？

行く。明日行かない？　休める？

墓参りを終えての帰宅後、また智子からメール。
また電話きて、もう取り憑いてないって言われた。何なの？（怒）
ああそうなんだ。変な話だね。

智子とはその後倉庫でのアルバイトを辞めると同時に別れた。
独身の金田は今も年に一度、京子の墓に訪れて手を合わせるようにしている。

病院さん

栄さんの実家近くの公園には「病院さん」と呼ばれるおじさんが住んでいた。

何故その呼び名なのか、由来は知らない。

一度、塾帰りに公園の前を通りかかったら、すべり台の上に病院さんの顔だけが浮いていたことがある。

栄さんは仰天し、自転車ごと電柱に激突してしまった。

身を起こしつつ公園に視線を向けると、病院さんの顔はまだすべり台の上にあった。

秋の夜空には噓みたいに大きな満月が皓々《こうこう》と輝いている。

栄さんのいる位置からだと、病院さんの顔はもう一つの月のように見えたそうだ。

それ以来、病院さんは姿をくらませてしまった。あれから十年。もう誰の話題に上がることもない。栄さん自身、病院さんの顔を思い出そうとしても、あの晩に見た満月が、瞼の裏におぼろな像を結ぶばかり。

そんなとき、栄さんは言い知れない寂しさを覚えるのである。

棍棒さん

幸子さんが休日の渋谷をぶらついていたときのこと。

背広を着て顔を真っ赤にしたおじさんが、棍棒のようなものを持って人波に紛れている姿が目に入った。

流石、東京だ。

ヤバい人がいるな。

と離れたところから様子を窺っていると、おじさんは時々、その棍棒を通行人の頭に思い切り振り下ろしていた。

ふん、とでも言いそうな気合いを漂わせ、片手で太く長い棍棒を持ち上げる。

そうして、身体を一度後方にしならせてから勢いを付けて棍棒を振り下ろすおじさん。

がつん、と棍棒が当たり、流血騒ぎがそこかしこで起きそうなものだが、起きない。

棍棒は、すん、と通行人の頭頂部から身体をすり抜け、おじさんはそのままズッコケたように身体を前のめりにする。

おじさんが顔を上げると、やはり顔を真っ赤にしている。

なるほど。上手くいかないので、怒っているのだな。

棍棒を振り下ろされた通行人は決まって一度だけ後ろを振り返るが、首を傾げたあとはまた歩みを進める。

幸子さんは、何もないはずの場所で感じる「何かの気配」の正体とは意外にこういうものなのか、と思った。

犬の死骸

平成に入って間もない頃、当時小学生だった安保明代さんの家の近所には、三階建てのショッピングセンターがあった。

現在主流の郊外型ショッピングモールに比べると小ぶりの店舗だが、安保さん達地域の子供らは、毎日のように寄り道した身近な場所だった。何せ人口数万の市内にある、数少ない商業施設である。本屋で漫画を立ち読みしたり、ゲームコーナーやフードコートにたむろした記憶が残る、思い出深い店舗。経営難による閉店時に感じた寂しい気持ちは、今でも甘酸っぱく安保さんの胸に残っている。


小学二年生の学年末の時期。

母親との買い物帰りに、安保さんはショッピングセンターの三階にある喫茶店に初めて立ち寄った。

当時全国的に流行していたカフェレストランのテナントで、子供には馴染みのない店舗だった。昼下がりの店内は近隣の老人や主婦達大人の溜まり場になっており、客は皆、コーヒーを啜《すす》りながら井戸端会議をしていた。

安保さん親子は一面がガラス張りの窓際の席に案内された。窓の外は春先の寒々しい雨曇りで、屋外の駐車場に面した眺望は殺風景だったが、安保さんは灰色の空と眼下の駐車場を母親と眺めて時間を潰していた。

視線を窓の下に向けると、喫茶店の真下、張り出した一階入り口部分の屋上が目に入った。構造上、簡単に立ち入れない場所なのだろう。枯れ葉と土埃が溜まっていて、清掃がされている様子はない。

土埃の汚れに混じって、大きなゴミが置かれているのが、安保さんは気になった。黒と灰色と赤茶けた色のまだらのゴミの塊が放置されていて、目を凝らしてみると、そこに大型犬の死骸が横に倒れた形で屋上に打ち捨てられている。

窓から距離があるため、細部を凝視することは敵わないが、黒っぽい毛色の、シェパードくらいの体格の犬が今正に朽ち果てている最中だった。

(うわ、気持ち悪いなあ)

安保さんは頬張っているケーキが不味くなったような心地がした。何故こんな場所に犬が死んでいるのか、素朴な疑問が湧いたが、母親にその話をすると怒られそうだと思い、黙って、死骸を見つめていた。

翌日、登校した安保さんは級友に昨日見た犬の死骸の話をした。

級友達にとっては、動物の死骸といえば先日校門前で発見された野良猫の轢死《れきし》体が記憶に新しかった。多くの生徒が血塗れのグロテスクな死骸を目にしていたためか、犬の死骸に対して気持ち悪いと同調する友人もいれば、自分もその死骸を見てみたいから放課後に喫茶店に行く、と言い出す連中もいた。

程なくして、安保さんのクラスでは犬の幽霊話が話題になった。犬の死骸の目撃談に尾ひれが付き、内臓の飛び出た死骸だったと証言する生徒もいれば、半透明の大型犬がショッピングセンターの店舗内を一匹でうろついていたとか、ショッピングセンターの店内で犬の吠える声がするとか、更には駐車場でゾンビのように腐りきった犬が夜歩いているのを目撃したとか、そういった噂を級友達がするようになったのだ。

安保さん自身は、それらの噂を話半分に聞いていた。自分が見た通りに入り口の上に死骸が放置されているとしても、それが即、お化けになって出てくるとは思えない。噂話が一人歩きしているのを、冷静な性格の安保さんは冷ややかに、みんな馬鹿だなあ、と思いながら聞き流していた。

ある放課後、安保さんは漫画を買いに行くため自宅からショッピングセンターに向かった。そして駐車場前にある踏切を渡ろうとしたとき、踏切の向こう側から同じクラスの友人が走ってきた。

友人が踏切を渡るのと同時に、カンカンと警音器が鳴り遮断機が下りた。彼は息を切らしながら踏切を渡りきり、目の前にいる安保さんにほっとしたような笑顔を見せた。

きょとんとしてると、友人は踏切の向こうを指差す。

遮断機を隔てた向こう側、駐車場を出たところに、一匹の黒い大型犬がいた。

どうやら、友人はその野良犬に追いかけられていたようだった。

犬はこちらをまっすぐ見据えていた。賢い犬なのか、遮断機の下りている踏切を渡ってこちらに襲い掛かる素振りはない。

安保さんと野良犬が見つめ合っていると、電車の車両が目の前を通過する。二両編成の列車が走り去った後、踏切の向こうにいた犬は消えていた。

「犬、いなくなったよ。よかったね」

安保さんは友人に声を掛けると、横で息を切らしていたはずの友人はどこにもいない。

あれ、と四方を振り返り友人を探す。踏切の周囲は人通りも車もなく、安保さんだけが踏切で一人取り残されたような気分になった。

不思議に思いつつも我に返った安保さんは、踏切を渡りショッピングセンターの駐車場を歩き始める。


ペロン。


右の手の甲に、柔らかく湿ったものが触れた。

慌てて手を引っ込める。

周囲を見渡しても、手元足元を見ても、駐車場のアスファルトには、雑草一つ生えておらず、当然、駐車場では誰ともすれ違っていない。

そして何かに触れた右手には、生ぐさい臭いが付いた。

あ、さっきの犬に舐められたんだ。

安保さんはそう思い至り、咄嗟に右手をコートの裾で拭うが、臭いがそのまま生地に移ってしまい途方に暮れた。

午後三時の薄曇りの空の下、周囲は時間が止まったように静まり返っていた。車がまばらな駐車場はいつもよりもだだっ広く無機質に見え、人は一人も歩いていない。先ほどから道路には車が一台も走っていないし、踏切を通る電車もまだ来ない。風はピタリと止んでいる。低く垂れた空。道路脇の汚れた雪。灰色の地面。伸びた影。余りにも静かすぎるので、キン、と耳が詰まる。

はあ、と漏らした自分のため息が大きく響く。もう一度呼吸をすると、ハアハアハア、と荒い息遣いが重なるように耳元で囁いた。

……犬がすぐ傍にいる。

そう思った安保さんは、正面入り口に向かって一目散に走り出す。

入り口をくぐったとき、店内のＢＧＭとともに、頭上からけたたましく吠える犬の声が混じって聞こえたような気がしたが、見上げることはできなかった。

帰宅後、生地に移った臭いは洗っても取れず、母親に叱られてコートは処分した。

安保さんはその後一度も件の喫茶店を訪れていないが、犬の幽霊の噂は半年ほどで聞かれなくなったそうだ。

犬行列

大学院生の志朗さんが夜半、自室でスマホゲームに興じていたら、無性に甘い炭酸飲料を飲みたくて仕方がなくなってきた。

彼は普段、飲み物といえば水か緑茶くらいしか口にしない。けれど年に数回、それも決まって深夜にこうした欲求に見舞われるのだ。

一番近い自販機までは歩いて数十秒だが、どうせならコンビニに行こうと思った。煙草も切れそうだし、明日の朝食用にサンドイッチとヨーグルトでも買っておくのも悪くない。

それで志朗さんはスマホと財布だけ持って、ジャージ姿で家の外に出た。

コンビニまでは片道五分の道のりだ。

人通りのない住宅街を歩いていると、不意に悪寒を覚えた。風邪を引く直前のような感じだったという。

立ち止まってみれば、そこは近所でもかなり大きな家というか、お屋敷の前だった。生け垣に囲まれた立派な庭を有していて、何度か庭師っぽい人が出入りしているのを見たことがあった。大した資産家なのだろうと思っていた。

それにしても、この寒気はどうしたことだろう。

インフルエンザの流行にはまだ早いが、熱でも出たら面倒なことになる。ついでに栄養ドリンクでも買っておくべきかもしれない。

そう考えて志朗さんが再び歩き出したとき、傍らの生け垣がガサガサと揺れ動いた。

直後、そこから何か小さいものが路上に飛び出してきたのである。

志朗さんは一瞬、ハッと身構えたが、すぐにそれが一匹の柴犬であることが分かって緊張を解いた。志朗さんは無類の犬好きなのだ。

サイズ的に豆柴という奴だろう。短い尻尾をパタパタと振りながら、志朗さんのほうにヨチヨチと歩いてくる。

か、可愛すぎる！

志朗さんは一発で豆柴の虜になってしまった。

今にして思えば、そもそもお屋敷の生け垣から豆柴が飛び出してきた段階で、大分おかしいですよね。

後に志朗さんはそう述懐することになるが、そのときは豆柴可愛さの余り、自分が置かれた状況の不可解さにまるで思い至らなかった。

ガサガサッ、とまたしても生け垣が揺れた。

見ればこれまた可愛すぎるトイプードルの頭がピョコンと覗いており、志朗さんは悶絶しそうになった。

が、流石にギョッとしたのは、トイプーのすぐ後から今度はいたいけなチワワが顔を出したからである。

これ、一体どうなってるの？

ようやく事の異様さに気づいた志朗さんは、そろそろと蟹歩きで移動し、当の屋敷の向かいにある民家の塀に背を預けた。

もはや可愛いだけでは済まされない事態に陥っていた。

その間にも生け垣からは、チワワに続いてビーグルが、パグが、シー・ズーが、フレンチ・ブルドックが、ダックスフントが、シェットランド・シープドックが、ジャック・ラッセル・テリアが、イングリッシュ・コッカー・スパニエルが、間を空けることなくぞろぞろと現れる。

そうして道路に出てきた犬達は、志朗さんのほうを見向きもせずに、規則正しい行列をなして住宅街の奥へと進んでいくのだ。

志朗さんはその光景を呆然と見つめるばかりだった。

どうやら生け垣から出てくる犬のサイズは後になるにつれて大きくなっていくようで、シベリアン・ハスキーやドーベルマン、ゴールデン・レトリバーなどの大型犬の存在も確認できた。何かの雑種だろうと思われる犬も相当数混じっており、志朗さんの記憶では、少なく見積もっても五十匹以上はいたとのことである。

最後に登場したのは、人間の大人ほどもあろうかという巨大なむく犬だった。

全身をカラスの濡羽《ぬれは》のように黒い毛に覆われたその犬は、犬好きの志朗さんが思わず息を呑むほど不吉なオーラを、その身に帯びていたという。

そこに至り志朗さんはポケットに入れたスマホの存在を思い出し、見事な尻尾を左右に振りながら歩いていく黒犬の後ろ姿を写真に収めた。

黒犬がすぐ先の曲がり角を折れた。

それを合図に、志朗さんはそちらに駆け寄ってみたものの、道の先にはもはや犬の子一匹いなかったそうだ。

何だか分からないが、凄いものを見たぞ！

今更のように興奮が押し寄せてくる。

志朗さんはもう有頂天になってしまい、当初の目的の甘い炭酸飲料のことなんか忘れて、自宅へと飛んで帰った。

帰宅するとすぐに同居している妹に、

「今コンビニに行く途中で犬の行列を見かけて……」

と息せき切って話したものの、当然のように不審な眼差しを向けられた。

お兄ちゃん、シンナーでもやってるの？　とそこまでは言われなかったが、そんなふうに考えていることは明白な妹の目つきであった。

「それならおまえ、これを見ろよ！」

志朗さんはスマホを取り出し、先ほど撮った黒犬の写真を見せた。

写っていたのは、夜道に佇む女の姿だった。

白い着物を身に纏ったその女は、笑っているとも泣いているとも付かない表情でこちらを向いている。長い黒髪は雨に打たれでもしたように濡れそぼち、胴体に比して異様に巨大な頭は赤黒く、今にも破裂しそうなほどに膨れ上がっていた。

ぎゃあっ！　と悲鳴を上げた妹にスマホをはたき落とされ、慌てて拾い上げたときには、その写真はフォルダから消えていた。

件のお屋敷で不幸があったとか、そういう話は今のところ聞かないらしい。

密室

　戸松幸雄さんは四国の生まれで、実家は小さな建設業を営んでいた。

　十代半ばまではぼんやりと自分も家業を継ぐのだろうと思っていたのだが、高校、大学と進む中、他の道に興味が湧き、現在は大阪でシステムエンジニアの仕事をしている。

　世がコロナ禍に突入すると、連日の在宅勤務が続くようになった。

　それまでは一日の殆どを会社で過ごす激務だったが、いざ在宅で仕事をしてみると、仕事量は大きく変わらないはずなのに、随分と一日が楽だ。

　そこそこの家賃を払っている2ＬＤＫのマンションをより快適な職場にすべく、コーヒーサーバー、間接照明をネット通販で手に入れ、ウォーターサーバーもリース契約した。

　運動不足にならないように、人けのないほう、人けのないほうへと走る夜のジョギングを日課にすると、慢性的な疲労が見る見るなくなっていき、仕事にも張りが出てくる。

　更にリサイクルショップから木目の椅子、本棚などインテリアも購入すると、もう会社へ出勤する生活に戻る気になれない。

このままフリーランスにでもなろうかと考えていた頃、それは始まった。

朝。

営業とのWeb会議を終えたのち、ダイニングキッチンへ向かうと冷蔵庫のドアが開いていた。昨晩開けた折に閉めるのを忘れていたか。そう思いながら、冷蔵庫に近づくと、庫内に違和感があった。野菜室のケースの蓋が半開きになっていたり、昨晩作ったおかずの余り物に掛けたラップも締まりなくめくれている。

かといって、何か減っているものがあるわけでもない。

マンションの一階エントランスはオートロックで、部屋のドアも毎日欠かさず二重で施錠している。

ならば何故、こんなことが……と考えるほど、この時点の戸松さんは深刻に考えていなかったが、この日から数日、冷蔵庫荒らしは続くこととなった。

こうなると、決して部屋内はおろか冷蔵物の何かを取られているわけではないので、捉え方が難しく、警察沙汰にするべきことなのか、それとも何か自然な理由があってこうなっているのかの判断が付かない。

尤も、これが誰かの仕業だとしたら、泥棒、というよりは不法侵入した上での悪質な悪

戯をされているわけだ
寝ている間に誰かが侵入していることを想像すると当然気分が悪いのだが、幾ら確認しても部屋のドアがしっかり施錠されているということは、初日から今も部屋の中に何者かがいるということになってしまう。だとしたら、この部屋のどこに潜伏できる場所があるのだろう。

戸松さんはせめてもの思い当たる場所となる玄関横とリビングのクローゼットを恐る恐る開けたが、冬物のコートがずらりと並ぶばかりで、侵入者を見つけることはできなかった。

他人がやったことではないのなら、自分がやっているのかもしれない。

寝惚《ねぼ》けて冷蔵庫を漁る己の姿を想像するとゾッとしないが、現実的に十分あり得ることだ。

殆ど使用していないデジタルカメラを引っ張りだし、ダイニングテーブルに載せ、ファインダーを覗く。問題は冷蔵庫なのだから、寝る前に録画を押して、冷蔵庫を捉えておけば、原因が分かるだろう。もし録画された映像に何の変哲もないようなら、庫内で何かが起きているということになる。

庫内で自然と起きていることならば……もう、放っておこう。

予定通り、就寝前、カメラの録画ボタンを押してからベッドに入った。

何が映るのかと少しだけ興奮し、普段より寝つきが悪かったものの、気が付くと朝のアラームが鳴っていた。

コーヒーを片手に、カメラをテレビに繋ぐ。

再生。

……あっ。


電話の向こうの父は、さも申し訳なさそうにこう言った。

『いや……参ったな……そっちに行ったかぁ……』

ひと月ほど前、父は従業員数名と山中の農具倉庫を解体していた。

古く小さな漆喰《しっくい》壁の倉庫だったので、ミニユンボで要所要所を小突いていくと、どんどん崩れていく。ざっと資材の分別をしてからガラをダンプに積もうとしていたとき、廃材が散らかる一角に転々と血が付いていることに気づいた。

「あちゃあ、蛇だ。やっちまった」

潰れた肉片と皮を見て、恐らく父は眉間に皺《しわ》を寄せただろう。

昔から現場に蛇が登場した日には食卓で話題にしていたものだ。

現場で生き物を殺してしまったらゲンが悪い。

蛇は特に悪い。

迷信？　いやいや、建設業界ではこういうのをないがしろにしたせいで、怪我どころか人の生き死ににまでいったって話、いっぱいあるからな。

大事なのは供養だ。

あと、生き物を敬う心だ。


父は現場にあった蛇の亡骸をできる限り拾い、現場付近に埋めて手を合わせた。

それでも帰り道で車両がエンストを起こしたり、一週間後の現場で従業員が釘を踏み抜いたりしたことから、後日、更に神社で安全祈願の御祈祷をしてもらった。

これで、安心……と思っていた頃に、息子から〈蛇〉に関する相談をされたというわけだ。


蛇。

再生。

ダイニングの明かりは点けたままにしてある。
時々、冷蔵庫のサーモスタットが騒ぐ。
異状が見られるまで早送り。
異状あり。
突如、全体的に明るさが少なくなる。
真っ黒で太い蛇が床を這ってフレームインしてくる。
目も、口からぺろぺろと出たり入ったりする舌もはっきり映っている。
大蛇、と呼んで良いサイズ。
蛇が冷蔵庫に触れた様子はないのに、ドアが開く。
蛇は庫内に頭を入れ、しばらくするとまた頭を出し、フレームアウトする。
画面の明るさが戻る。
開いたままの冷蔵庫。

蛇。
といえば、親父だ。
『いや……参ったな……そっちに行ったかぁ……』

「親父。で、俺は結局、どうすればいいわけ？」

『んー、分からんな』

「何で冷蔵庫に来るのか心当たりある？」

『餌が欲しいんじゃないのか？』

「でも、何にも食べられてないよ。ってか、ああいうのって、食べたりするの？」

『そりゃあ、食べるだろう。分からんけど。ああ、お前、ライブラリアンだろ。だからだよ』

正確には「ベジタリアン」と言いたいのだろう。

『蛇は肉食だからな』

そんなナンセンスな話、あるだろうか。

『気を付けないと、お前も食べられちまうかもしれない。お祓いしてもらえ』

アホくさい話だ……とはいえ、しっかり映像で見ちゃったしな……。

戸松さんはネットでお祓いができる神社を調べ、素直に赴いた。

以降、冷蔵庫の異状は見られなくなった。

誕生日

夕子は一年の中で自分の誕生日が最も嫌いだ。
といっても、自分が産まれてきたことを恨んでいる、老いていくのが怖いなど、自己肯定感が弱いわけではない。

小さな頃、こんなことがあった。
「ハッピーバースデー・トゥー・ユー、ハッピー・バースデー・トゥー・ユー」
両親が歌いながら火が点いた蝋燭《ろうそく》が刺さったケーキを持ってくる。
夕子は喜びで破顔しながら、テーブルに置かれたケーキの苺を数える。
蛍光灯が消され、母から蝋燭に息を吹きかけるよう促された。
すぅう、と息を吸う。
自分のためだけに用意されたホールケーキ。
怒ると怖いパパとママの優しい笑顔。
特別な特別な、とっても特別なあたしの日。

すぅぅぅ。

息を今にも吐こうかという頃、スッと全ての火が消えた。

同時に蛍光灯がチカチカと点滅し、閉まっていた窓が大きな音を立てて開いた。

突風が窓から吹き付け、壁に掛けられていたカレンダーが今にも落ちそうなほどなびいた。

「何だ何だ！」

「夕子、隠れて！」

母にそう言われるも、どこにどう隠れたらいいのか、小さな夕子には分からない。

ソファーに置いてあったチラシの類が部屋の中を舞い、何の音なのかまったく見当が付かないドタドタという打撃音、パチパチという破裂音が鳴った。

台風か地震か、とにかく部屋の中は今正に一大事が起きた様相だった。

父が窓を閉めると、蛍光灯のやかましい点滅が収まり、再び部屋は薄暗くなった。

夕子は一言も発することができないまま、目を瞑って両親の反応を待った。

「何だ今の……あれ？　誰？」父が言った。

「え……うそ……だ、誰？」母が言った。

蛍光灯が点き、夕子は目を開けた。

娘を気遣っているのか、次に口をつぐんだのは両親だった。
顔面蒼白の母がケーキを切った。
テーブルにつき直した父の身体は慄《わなな》いていた。
——誰？
夕子はその言葉の意味を追わないようにした。
そうして、誕生日が嫌いになった。
現在三十路を越えた夕子は、彼氏にも嘘の誕生日を教えている。

白い三人組

新田洋次郎さんは生まれも育ちも東京だが、父方の実家は北関東沿岸の港町にあった。お盆の時期には親戚一同が帰省し、夏休みをその港町で過ごしていた。遊泳可能な海岸まで徒歩圏内、森林に面した実家の裏手が裏山になっている立地は、都会育ちの新田さんにとっては楽園そのもので、同じく帰省してきた従兄弟達とともに、毎日飽きることなく自然を満喫して遊び倒していたそうだ。

新田さんが小学校に上がる前の年、四十年以上前まで話は遡る。

年上の従兄弟から早朝のカブトムシ獲りに誘われ、朝四時に起床した。

早朝に出かけるのは大人達には内緒だった。従兄弟曰く、昨日のうちに裏山に生えている木の何本かに印を付け、幹にナイフで傷を付けておいたとのことで、傷から出た樹液に群がるカブトムシを早朝に捕まえる計画だった。

新田さんは寝ぼけ眼で家の外に出て、薄暗さの残る裏山の斜面の小道を、従兄弟の後を追いかけながら登っていく。

登り道の先には人影が見えた。

白い服の大人が三人。この人達もきっと、カブトムシを獲りに来たのだろうと、幼い新田さんは思った。

従兄弟が傷を付けた木は、裏山の頂上にある神社の周辺にあった。

実家から裏山へ登ると神社の境内裏の空き地に出るので、そこから目の届く範囲の木に傷を付けていたのだ。

「いないなあ」

懐中電灯で傷の付いた幹を照らしながら、従兄弟は残念そうに呟いた。

どの木もカブトムシが見つからず、成果はない。従兄弟は腹いせに木の幹を蹴り始めた。

新田さんは不機嫌な従兄弟をよそ目に、先客と思しき白い服の人達がどこにいるのか気になっていた。

辺りを見回すと、神社の裏の空き地の隅で佇む三人をいとも簡単に見つけた。

いずれも白い浴衣を纏った、若い女性だった。

彼女らは立ったままひそひそと会話をしているように見えた。

よく考えたら、大人の女性は集まって虫捕りなんかしないだろう。

でも、何の用事でここにいるのかな。

三人が交わす囁き声は新田さんにまで届かない。

「帰るぞ」

不機嫌そうな従兄弟に呼ばれ、そのまま山を下りた。

その日は朝から海水浴に出かける予定で、新田さんは早朝の外出を叱られたものの、二度寝をせずに支度を済ませ、家族と海岸まで赴いた。

そして到着して間もなく、海水浴場が騒がしくなった。

岩場の辺りで人がたむろし始め、同行していた父親には、今日は海に入らずにすぐ帰れと命令された。

海岸を去りながら岩場の人だかりに目をやると、集まっている人達の間から滑り出るように担架が現れた。

担架にはジーンズ姿の男性が寝ていて、それを三人の白い浴衣の女達が軽々と担いでいる。

ああ、あの三人だ。

あの三人は看護婦さんだったのか。

しかし三人の看護婦は、担架を担いで海岸を出ると、停まっていた救急車とは逆の方向に歩いていき、別の岩場の陰に隠れてしまった。岩場の人だかりはまだ何か用事があるようで、殆どが残っていた。

救助の動向が気になっていたものの、子供一人で追いかけるわけにもいかず、諦めて家族と家に戻った。

帰宅後、大学生が岩場から転落し負傷する事故があったものの、幸い助かったという話を両親から聞いた。


新田さんの年齢が上がるにつれ帰省は難しくなり、中学生になってからは父方の家に赴くことは殆どなくなった。そして数年ぶりに帰省した折、新田さんは散歩がてらに裏山の神社を訪れた。

今までは境内の裏手で遊んでいたため、この神社を大人の視点で正面から眺め、自主的にお参りする機会はこれが初めてだった。

賽銭箱に小銭を幾らか投げて手を合わせていると、拝殿に掛けられた絵が目に入った。巫女が三人、白い浴衣のような着物を着て舞う様が描かれているのを見て、数年前に見た光景を思い出した。

当時受験生だった新田さんは、賽銭箱に更に百円玉を投げ入れてもう一度手を合わせ、巫女に向けて強く合格祈願のお祈りをしたそうだ。

「家があった辺りも裏山も、今は全部ゴルフクラブになっているねぇ」

新田さんは私が見せたグーグルマップを確認しながら、懐かしむようにそう言った。

現在は裏山一帯が開発され、新田さんが訪れた神社が移設されたのかどうかは不明。

神社の名称も新田さんの記憶には残っていない。

その港町の海岸沿いに建つとある神社では、医療医薬の神が祭神として祀られていることだけは判明している。

遊んだ日

昨夜の大雨のせいで、庭はちょっとした沼と化していた。

「ママ。ミユちゃん、泥遊びしたいの」

「ダメよ。お洋服もお靴も、ミユちゃんは全部汚しちゃうんだから」

母からいい返事をもらえなかった美由紀は頬を膨らませ、結局はこっそりと長靴を縁側まで持ち出して庭へ出ることにした。

リビングから庭は丸見えだが、母が洗濯物を部屋干しするために二階へ上がる姿は確認している。カーテンを閉めて静かに遊んでいれば、しばらくは見つからないだろう。

曇天が時間の感覚を狂わせているものの、昼食までまだまだ時間はあるはずだ。

父は会社に。兄は小学校にいる。

その日、美由紀は「気持ちが悪い」とむずがって、まんまと保育園を休んでいた。

もちろん、保育園を休めるとなると気持ちは上向く。母は「それじゃあ寝ていなさい」

「どうして保育園を休んだ子が急にそんな元気になるのよ」と小言を並べていたが、結局ドタバタとはしゃぎまわる娘の姿にため息を吐いてから「午後になったらドーナツを買いに行こう」と提案した。

とはいえ、幼い美由紀は優しい母に対する罪悪感を抱けるほど複雑な感情を持ち合わせていない。ぐちゃぐちゃの庭は魔法の国のように美由紀を魅了していた。

通りと庭を隔てるブロック塀の近くにある植木鉢まで近づくと、小さな長靴が足首近くまで泥に埋まる。まばらに敷かれた砂利を拾って、水溜まりに放ってみる。

楽しい楽しい。

十五分程遊んだ頃にはもう爪の隙間は真っ黒で、美由紀はドーナツを食べる前によく手を洗わないといけないことに思い当たった。

でも、もう折角だから思い切り遊んでから家に戻ろう。

ママにたくさん叱られたら、ミユちゃんは泣いちゃうかもしれないな。

でも、今はとっても楽しい。

バンと泥水に手を突っ込んで、生温い土に手を差し込んだ。

手を握ったり開いたり、指先を強く押し付けると見る見るうちに庭に手が差し込まれていく。この要領で庭にトンネルを作ったら楽しかろう。

はねた泥水で服が汚れていくのも気にせず、美由紀は土に手を入れ、まずは斜めに穴を作っていった。

楽しい、楽しい。

楽しいな。

そして、肘まで泥に浸かったとき、一際に生温さを感じる何かを地中で掴んだ。

手触りは小石の硬さと泥の柔らかさの中間。

予期せぬ感触だったため美由紀は酷く驚き、脳裏に大嫌いな蚯蚓、蛙《かえる》などのイメージが湧いた。

慌てて穴から手を抜こうとしたが、腕全体の皮膚と土が吸着したかのような抵抗があり、まるで抜けない。

まだ手中には何かが収まっている。いや、収まっているという言葉は似つかわしくない。いつの間にか、それは右手を掴んでいる。

そう。

掴まれているのだ。

大声で母に助けを乞うべき事態になっていた。しかし元来秘めた戯れだったはずで、保育園をサボった罪悪感もある。これ以上母に「悪い子」と思われたら、気まずさが悲しみを生むことになる。

美由紀はぐっと右手に力を込め、思い切りそれを握り返した。

全体重を後方に掛け、尻餅を恐れずに仰《の》け反った。

それごと引っ張りだしてしまえばいい。

その気でいたのだ。

頑固な雑草の根のように、ずりずりと泥に汚れた腕が地中から出てくる。

良かった。この調子なら助かる。

手首まで見えた。

続いて手の甲。

拳。

また、手。

誰かの手。

握手をする誰かの手。

その手はまるでよほど親しい誰かであるように、美由紀の手を揉む動きをさせながら地中から覗いていた。

この手を引っ張りだしてはいけない。

だが、この手が離れてくれない。

美由紀は咄嗟に左手を右手に向かわせ、その何者かの指を引っぺがそうとした。

親指を掴み関節の逆方向に思い切り引く。

すると、その指は一度粘土のように異様な曲がり方をして折れ、また元のように握ろうとする。次は親指以外を数本掴み、また逆に曲げる。

しかし、やはり粘土のように折れてから元に戻る。

ならば、と再び数本を掴み折ったタイミングで自分の手を思い切り引いてみたところ、ようやっと解放され、美由紀は予想通り激しく尻餅を突いた。

ばしゃばしゃと這って家に向かい、水難事故から逃れるように縁側によじ登った。


信じ難いほど着衣を汚した娘を見た母は、想像に反して大声で笑った。

美由紀も釣られて照れ笑いをした。

ついさっき庭で起きたことを母に話すのは止めた。

笑って済むならそれに越したことはない。

それにしても、家の庭に化け物がいるとは、誰か事前に教えてくれてもいいのに。

帰省し、実家の庭を見るたびに美由紀はあの手を思い出す。
現在庭の水捌けは改善されている。
それでも、記憶の中にある庭の水量は、年々増していくばかりだという。

山中の盆踊り

東北某県の県庁所在地に住む武内さんの話。

彼は通勤のための自動車と、バイクをそれぞれ一台ずつ所有している。バイクは当時、兄弟のお下がりとして貰ったばかりのものであったが、仕事で多忙だった武内さんは遠距離のツーリングに出向く余裕がなく、乗り回したくても活用する機会が余りなかったそうだ。


その年のお盆。

折角だからと、武内さんはバイクで帰省しようと試みた。実家は県内の別市町村にあり、車ではおよそ二時間弱。途中で山を越えるものの、何度も車で往復している見知った道のりである。乗り慣れていないバイクで走るのにちょうど良いと思い、仕事の退勤後に実家に向かっても問題なかろう、と武内さんは考えた。

帰省の当日、武内さんは職場で残業になり、退勤は二十時を越えていた。

一度自宅に戻って簡単に荷造りし、バイクのエンジンに火を入れた。予定よりも遅い出発ではあるが、深夜のほうが車も少なく気温も下がっているため、夜道であっても走りやすいに違いない。住宅地を抜け、山へと続く県道に入る。

山中に入った辺りで他に走る車はなくなり、道中は愛車のエンジンと虫の音しか聞こえない。夜空には細かに星が瞬き、身を切る風に酷暑の熱気はなく、ただただ涼しく、心地よかった。

普段は出せない速度でバイクを思いっきり飛ばし、爽快な気分で山中のトンネルを抜ける。その先も変わらぬ木々の黒いシルエットだけが浮かぶ景色であったが、前方に明かりが見えた。

最初は遠くからやってくる対向車のライトかと思ったが、明かりは右手の道路脇から漏れている。恐らく、その場所に駐車場か何かの施設があり、屋外に照明があるのだろう。

バイクで近づいてみると、その明かりは黄みの掛かった白熱灯のような暖色で、県道脇に設けられた空間全体が照らされていた。

見ると、木々の間にテニスコート三つほどの広さの野ざらしの空き地があり、そこで盆踊りの祭りが開催されていた。

空き地の中心にやぐらが設置され、その頂点から八方に提灯《ちょうちん》が下がっている。やぐらの上では法被《はっぴ》姿の男性が太鼓を叩き、その下では老若男女が輪になって舞い踊っている。

住宅地から離れた山中であるが、その地域ではこの空き地が盆踊りの会場なのだろうか。深夜帯だが子供の姿も見え、住人達は祭事に相当気合いが入っているのだろう、全員が浴衣か法被の姿で踊っていた。祭りは大いに盛り上がっているようで、酔いどれのような足取りでステップを踏み、腕を振り上げ手をひらひらさせ、住人は思い思いに日々の鬱憤を踊りで晴らしているように見えた。

楽しそうだな、折角だし、寄り道してもいいんじゃないか。

そう思いながらそこを通り過ぎようとした刹那、鳴らしているはずの太鼓の音も、口を開けて笑顔を見せる人々の嬌声《きょうせい》も。

一切が消えた。


バイクのエンジン音だけをお供に竹内さんはその場から逃げた。

カンカンカン

友人の益田萌さんから伺った話。

彼女が生家を離れて日々忙しく過ごしていたある日、実家から引っ越しをするとの連絡があった。

引っ越し先は閑静な住宅地で、掘り出し物の戸建て住宅を中古で購入したという。

今後そこで暮らすのは、萌さんの母親と兄の二人。元々定年退職した夫婦が所有していた物件で、確かに二人暮らしにちょうど良さそうな広さがあり、バス停も目の前にあって生活の便も悪くないとのこと。

しかし、いざ住み始めると、「どうも具合が悪い」と兄がボヤいた。

カンカンカン、という騒音が毎晩夜中に聞こえてきて、神経の細い萌さんの母親はそれに参ってしまっている。

母からしたら終の棲家として購入したはずの物件がこの調子では、殊更に弱ってしまうだろう。

心配した萌さんは、滞っている新居の掃除や片付けの手伝いと母の様子見も兼ねて、引っ越し先へ向かった。


「お母さん、これ捨てちゃうよ」

「ああ、悪いわね。手伝ってもらっちゃって……」

兄の言う通り、母はどこか元気がないように見えたが、助けを乞われたわけでもないのに、騒音に関して事実確認ができているわけでもない。

萌さんは深夜まで粛々と掃除をし、溜まったゴミを捨てに行こうと屋外へ出た。

家は斜面に建っており、玄関前の階段を下りるとバス通りの道路に出る。

すぐ傍にはバス停があり、その五十メートル先に二十四時間利用可能なゴミの集積所があることを事前に聞いていた。

玄関を出てすぐ、鉄パイプを地面に打ち付けるような、カンカンカン、という音が周囲一帯に響いていることに気が付いた。

なるほど、確かにうるさい。

カンカンカン。

辺りを見渡し、神経を音の在処に集中する。

しかし幾ら耳を澄ましても、それがどこから鳴っているのか、皆目見当が付かない。

ゴミ集積所までは一本道だった。

光源はバス停にある橙《だいだい》色のうらぶれた明かりのみで、幾らか心細い。

ふとバス停に目を遣ると、うずくまった姿勢の黒い人影が見えた。

深夜に遭遇したくない類の人間ではないかと想像し、早足にゴミ集積所から折り返して家へ戻ったものの、捨てなければいけないゴミはまだ山ほど残っている。人影の脅威を感じながらも、まだ二往復しなければならないことに肩を落とし、再び玄関を出た。

二往復目にゴミを出したときも、バス停には人影があった。

カンカンカン。

騒音はなおも鳴り続けている。

三往復目にバス停の傍を通りかかったとき、そこにいた人影が、スッと立ち上がった。

四つん這いのような姿勢を取っていたそれは、直立すると成人というよりは子供に近い身長だった。

橙色に照らされてその姿が露わになる。

皮膚に覆われていない筋肉を纏った肉体。

まるで理科室で見た筋肉標本が、生きているかのように立っていた。

それは萌さんに顔を向けており、ああ、目が合った、と感じた。

とはいえ、その顔に目鼻はなく、口のようにぽっかり空いた大きな穴だけがあった。

カンカンカン。

穴を見て、その音がどこから鳴っているのかを知ってしまった。

カンカンカン。

音は穴の奥から鳴っていた。

萌さんは持っていたゴミを放り出し、一目散に駆け出して家へ逃げ帰った。


翌日、萌さんは母親にカンカンカンという騒音は確かに聞こえるということを説明した。

昨晩バス停で遭遇したものについては話さず、「鉄パイプを打ち鳴らしたような音だよね」と確認すると、母親は首を横に振った。

「違うわよ、あれは刀と刀がぶつかり合う音なの。ここ、落ち武者がいるのよ」

一階にある母親の寝室の窓は、バス停が見える位置に面していた。

萌さん姉弟で調べたところ、かつて住宅周辺が合戦場だったことを知った。

散らない華

国本和香は東京の下町にあるスナックで働いている。

頭の回転が良いのだろう。店内ではちゃきちゃきと給仕をこなしながら、あれやこれやと面白い話題を転がして客を楽しませる、プロのホステスといえる立ち回りを見せていた。

聞くと生まれも育ちも東京で、五歳のときに両親が離婚してからはずっと、母親と二人暮らしをしているという。

「嘘臭い話だけど、それでもいいの？」

彼女はそう言った。

「嘘臭いかどうかは俺が決めるから、お願いしていいかな」

高校二年のある秋の深夜、和香は猛烈な腹痛に襲われ、どうにも我慢できなくなると寝ている母を起こして窮状を訴えた。

顔面蒼白で大量の汗を流しながら苦しむ娘を見て、母はすぐに救急車を呼んだ。

救急車の到着からの意識は朦朧《もうろう》としていたが、あれこれと検査をした結果、「急性虫垂炎」と診断され、そのまま入院することとなった。

思えば前日から体調が優れなかった。激痛を感じたときには怖かったが、ただの盲腸と思うと恐怖はない。

一晩明けると、薬が効いているのかさほどの痛みはなく、むしろ身体が軽く感じられるような朝だった。

「様子を見ながら、一週間くらい入院しましょう。手術の必要はなさそうです。投薬だけで何とかなるでしょう」

和香は医者のその言葉にほっとするどころか、公然と学校を休める喜びを強く覚えた。


学校はずっと地獄だった。

クラスメイトの男子からむやみに背中を強く叩かれたり、誰かに弁当を隠されたりと、露骨ないじめの類を小中高と受けていた。

友達、と呼べる人が一人もいない。

一緒に御飯を食べようとする女子は殆どがパッとしない陰気さを持っていて、事実、机を挟んで一緒にいても惨めさが増すばかりだった。

それでも母を心配させまいと家では努めて明るく振る舞い、週末にはありもしない「友達との約束」で出かける。そしてそんなときは、小さなブティックを経営して娘を支える母が微笑みながらお小遣いをくれるのだった。

大部屋の病室には、六つのベッドが置かれていた。

入院初日は和香、老婆、若い男が大部屋を利用していた。

入院二日目には老婆が退院し、男と二人きりになった。

和香は窓辺にいて、ちょうど対角線にある廊下側のベッドに男がいた。

トイレに立つと、男のベッドの横を通る格好になった。

異性をじろじろ見ることもできなければ、程よいお愛想が得意なわけでもない。

極力無表情で何度も男の横を通り過ぎる。

しかし、何回目かのトイレ行の途中、男に「ねえ。退屈だから話そうよ」と言われてから先は、その男、神沢大輝とぐっと仲良くなった。


そのまま二人の恋が、始まった。

大輝は和香の一つ歳上で、中学校を卒業してからすぐ工場で働いていた。

母と二人暮らしという点が共通していて、和香はいじめのくだりこそ教えなかったが、学校の息苦しさについては強い同調を示してくれたのも嬉しかった。

初見では十人並みに思えた見た目も、顔を突き合わせるたびに魅力的に感じられた。

こんなに普通に同年代の異性と会話をしたのは、大輝が初めてだ。

大輝の入院のきっかけは肺炎だった。今はどこが悪いのか判別し難いほど元気に見えるが、救急車で運ばれたときは死を覚悟するほど苦しかったそうだ。

大輝のベッドの横にある椅子に腰掛け、他愛のない話をしている時間は、これまでに感じたことのない幸福だった。

何か申し合わせたわけでもないのに手が触れると握り合い、大輝の太ももを撫でると彼の視線が優しくこちらに向いているのを感じた。

「ねえ、そのメガネ取ってみてよ」

と言われ、取った数秒後には唇を塞がれた。

これが出会って六日目のことだった。

和香は翌日に退院する予定だったが、既に携帯の番号は交換していたので、これからも幸せは続くはずだ。

大輝はまだ肺にわずかな異常があるそうで、もうしばらく入院をする予定だった。

学校帰りに毎日お見舞いに行ってもいい。
何ならもっと、ずっと入院していたい。
ママに素敵な彼氏ができたって教えたら喜ぶかな。

学校の様子は相変わらずで、誰とも会話をすることなく下校する毎日だった。
基本的に誰もが和香を無視する。
まるで「あなたなんかそもそも存在していない」とでも言うように。
今まではその無慈悲で理不尽な無言の主張に負けそうになっていた。
でも、今の私は存在している。
その証拠に、大輝がいる。
大輝の瞳には私が映っていて、瞳の中の私は笑っている。
だから、大丈夫。
あなた達には負けない。
大輝も無事退院し、たった駅二つしか隔てていない二人の蜜月の日々が燦然《さんぜん》と輝いた。

映画、遊園地などでデートをし、大輝の工場の同僚も交えてカラオケに行った。母に「彼氏がいる」と伝えると、泣いて喜んでくれた。思えば娘が携える孤独感なぞ、母ともなればとうの昔から気づいていたのかもしれない。和香は専門学校に進学するつもりだったが、今では大輝と同じ工場に勤めようかとも考えていた。

流石にそこまでいくと母が応援してくれるかどうか不安だったが、そのときは母よりも強い力が背中を押してくれているような気がしていた。

（和香はここまで語ると、急に顔を顰め瞳を潤ませた。テーブルにはもう一人のホステスがいたが、急に声を詰まらせる彼女の姿に動揺しているようだった。「ちょっと、恥ずかしいから」と和香に手を引かれ、私は隣のボックス席に移動させられた。私は、きっと彼女の記憶の物語にはこれから悲しいことが起きるのだろうと予期せざるを得なかった）

高校卒業が近づき、和香は専門学校の願書を提出するか、大輝の工場に就職するかの決断を迫られていた。母のことを思えば、進学。自分のことを思えば就職、という気がしていたのだが、進学だって自分のためにはなる。

聞くと、決して大輝の給料は良いわけではなく、それでも少ない中からパートをする母にも分け与えているそうだ。思えば、双方の母親と娘息子の関係を円滑にして、誰もが幸せになるための道筋を見つけることこそが、二人の幸せに繋がるのだろう。母のブティック経営だっていつ転ぶか分からない。

浮かれてばかりもいられない。

真剣に考えないと。


そんな頃の、ある大雨の夜。

大輝にメールをしたが、返信がなかった。

翌日も連絡はなく、何度電話をしても折り返してこなかった。

嫌な予感がした。

きっと、今何かが起きている。

まだ半年も付き合っていない。

でも、何かが起きた。

軽い交通事故のはずだった。

大輝の原付きがハンドルミスで横転した。

胸を強打し、元来弱かった心肺機能が祟り、呼吸困難に陥った。

骨折も裂傷もないのに、病院に担ぎ込まれた頃にはもう生きていなかった。

これは全て、後日大輝の同僚から聞いたことで、ただ不安を抱えたまま一週間余り何もできずにいた和香は、葬儀にも通夜にも参加できず仕舞いだった。


その後、和香は情報処理の専門学校に進学した。

就職活動は苦痛の連続で、むしろ家計のためにと嫌々始めたはずのキャバクラ勤めが妙に楽しく感じられるようになった。

そのまま、今に至るというわけだ。


(「嘘臭い話だけど」と始めた割には、和香の話はどれも筋が通っていて、確かに味わいのある話だと思って聞いてはいたものの、冷たい言い方をするならば単に苦労話、悲恋話を披露しているに過ぎなかった。いつ、私が話題にした〈それ系〉の話になるのだろうと思っていると、彼女は少し躊躇《ためら》ってから続きを聞かせてくれた)

母には大輝の死をいつまでも打ち明けられずにいた。

自分自身が消化しきれていない事実を口にするのは難しかったし、何よりも母が悲しむ姿を見たくない。時間が経てば己の心情に変化があるかもしれなかったが、経つべき時間がどれほどのものかは、和香にも分からない。

夜の商売で出会う人々にはそれぞれ何かがあり、和香が格別に不幸ではない証しを示してくれているような気がした。


大輝を亡くして一年半が過ぎた頃の非番の日。

母が仕事に出たのち、そこそこに家事を済ませてから自室に引っ込んだ。

和香は休日は酒を呑まないようにしていて、これといった趣味がないことも手伝い、一人の時間を上手く過ごせなかった。

まだ、一人になると悲しい気持ちになるのだ。

中学入学時に買ってもらった勉強机に腰掛け、ぼんやりとする。

「あーあ……」呟きながらメガネを外し、瞼を閉じた。

唇に懐かしくも温かい感触があった。

脳裏に入院中に大輝と過ごした場面が浮かんだ。
唇の感触はまだ消えない。
目を開けたら、眼前に彼がいる気がする。
でも、開けてみていなかったとき、私はどんな気分になるだろう。
でも、絶対に今私は愛する人と唇を重ねている。
それは確信できる。
目を開けたらどうなるだろう。
目を開けたら、まだいてくれるだろうか。
でも、どんな顔で目を開けよう。
笑って開けたらいいのかな。
そう葛藤しつつ、涙が頬を伝うのが分かる。
そして、ゆっくりと彼の唇が離れていく。
そうして目を開けると、やはりそこには誰もいなかった。

「あんたの部屋から、男の声聞こえたよ。彼氏が家に来たいっていうなら、内緒にしなくていいんだからね」ある日、母は少し困ったように笑いながらそう言った。

「あなた、もしかして大輝の彼女だった人？」大輝の母は、「線香をあげたい」とアパートを訪ねてきた和香の姿を一目見るなりそう言って泣き崩れた。

「だって、あなた今も大輝と一緒にいるもん。分かるよ……分かる……あたし大輝のママだもん。息子がいることくらい分かるわよ」


和香は就業中にこそコンタクトレンズを着けているが、休みの日はいつもメガネで過ごしているという。

尤も、大輝の唇を感じたのは、感傷的になっていた折の、たった一度だけのこと。

母の言う「男の声」は聞き間違いかもしれないし、大輝の母も直感が優れているだけかもしれない。

ここまで聞いても私には「嘘臭い話」というより、彼氏を失った悲しみが生んだ夢物語のようにも思えていた。

しかし、話はまだ続いた。

興味深く聞けたが、これまでの話は執筆の題材としては難しそうに思えた。

現在勤めているスナック。

すなわち、取材中に正にいたスナックで「ごく最近あったこと」に話は移る。


平日オープンしたての、閑古鳥が鳴いていた頃。

カラン、と一度ドアベルが鳴りふっと外気が店内に入ってきた。

反射的にその場にいたホステス数名で「いらっしゃいませ！」と声を上げたが、そのときには少しだけ開いたドアがまた閉まるところだった。

満席ならばひやかしの客を追ったりはしないが、暇なら話は別だ。

和香さんは急いでドアを開けて、外にまだいるはずの何者かに声を掛けようとした。

「あっ」

ドアの前に大輝が立っていた。

和香さんを追ってドアまで来た若いホステスが、「いらっしゃいませ～、どうぞ～」と大輝を入店するよう促した。

刹那、大輝はパッと消えた。

「きゃっ！」若いホステスは声を上げ、和香は「ああ」と言葉にならない声を漏らした。

大輝を一緒に見たホステスはまだ在籍していて、この話はちょっとしたネタとして度々客に話しているそうだ。

さて、これで和音さんの体験談は終わる。

その後の話題は和香さんの結婚観に関するものになった。

結局のところ「結婚なんかする気はない。自分の幸せは自分で決める」と彼女は言いたいようだったが、先ほどの話と絡めて考えると、「私には大輝がいる」とでも主張しているようにも聞こえた。

その華は散らない。

その華に散る気はない。

転がる男

九十年代終わり頃の話。

当時中学生だった彩乃さんが学習塾からの帰り道をとぼとぼ歩いていたら、十数メートル先にある電柱の下に黒い影のようなものがうずくまっていた。

誰か具合でも悪いのだろうか。

そう思い彩乃さんが一、二歩足を踏み出したところ、その影がこちらに向きなおった。

パンチパーマのおじさんだった。

彩乃さんはギョッとした。

おじさんはいわゆる「うんこ座り」の姿勢で、両手を膝の上に載せている。

よく見れば目も完全に据わっており、酒に酔っているか、あるいは非合法なクスリをキメているのではないかと思われた。

これは確実にヤバい人だ。

彩乃さんはそこはかとない危機感を覚えた。

いますぐにでも、全力で逃走したい。その気持ちはやまやまだけれど、自分の存在を認識されてしまった以上、無視をしたり逃げ出したりするのは、逆に相手を刺激することにもなりかねない。

幸い、おじさんとの間にはまだ十メートル以上の距離がある。

飛びかかってくるには遠すぎるだろうと考えた彼女は、思い切って声を掛けた。

「あのう、大丈夫ですか？」

すると一拍の間を置いて、おじさんのだらしなく開いた口の端が持ち上がった。

ニヤリという音が聞こえてきそうな、気味の悪い笑みだった。

膝の上に載せていた両手がスッと下ろされ、地面にピタリと付いた。

ダッシュしてくるつもりだ！

彩乃さんはそう判断し、即座に方向転換しかけたのだが、

「はあっ？」

と、素頓狂な声が出て足が止まった。

おじさんはそのまま頭から地面に倒れ込んだ、と思いきや、美しいとすら思わせるフォームで、前方にくるりと一回転したのである。

でんぐり返しをしている。

元の「うんこ座り」のポーズに戻ったおじさんは、間髪を入れずまたしても地面に手を

突き、二度目の前転に取りかかる。

が、彩乃さんは「パンチパーマのおじさんが突然でんぐり返しをし始める」という目下の状況に頭が混乱し、何が何だかさっぱり分からなくなってしまった。

狼狽《ろうばい》している間にも、二度、三度と前転は繰り返され、気づいたときには、手が届くほどの距離におじさんのパンチパーマがある。

ゆっくりと、おじさんが顔を上げ、再び笑みを浮かべた。

黒目がなかった。

だらりと伸びた舌が首の辺りまで垂れている。

近くで見るまで気づかなかったが、着ている服は何十年も着続けたようにボロボロで、乾いた血だか糞のようなものがこびりついていた。


なるほど、生きてる人じゃない。


家まで無我夢中で走った。

玄関扉を開けるなり倒れ込んでしまい、慌てて出てきた父母に助け起こされた。

泣きながら譫言《うわごと》のように「パンチパーマのおじさんが」「でんぐり返し」「黒目がなくて」

などと繰り返す娘に、両親も困惑するばかり。

「変質者が出たのか？」

「警察に通報する？」

両親の言葉に、彩乃さんは「違う、違う」と鼻水を垂らして訴える。

そのうちに今度は家の奥から祖父が顔を出し、

「何を騒いどるんだあ？」

と、呑気な調子で訊ねてくる。

ようやく少し落ち着きを取り戻した彩乃さんが、今度は順を追って説明したところ、いつもはボーッとしていて、半分痴呆なのではと疑われていた祖父の顔色が一変した。

「そりゃ本当の話か？　おまえ、その男に触られたりしたか？」

触られてはいない、ギリギリのところで逃げ出した。

そう答えると祖父は渋い顔で腕組みをして、しばらくの間もごもごと何事かを唸っていたが、

「それなら多分大丈夫だけども。いいか、もうその男のことは忘れろ」

あとはもう彩乃さんや両親が何を訊いても「おまえらには関係ねえ」と繰り返すばかりだった。

翌日から祖父は昼間に外出することが増えた。

どうやら外で誰かと会っているらしいのだが、それについてもだんまりを決め込んでいた。


その一件から半年後、祖父は亡くなった。

ある晩、トイレで吐血、昏倒したきり、二度と目を覚まさなかったのである。

死因は食道静脈瘤破裂。身体的には至って健康な祖父だったから、彩乃さん達家族にとっては青天の霹靂《へきれき》であった。


彩乃さんが前転するパンチパーマの男を見たのは、後にも先にもその一度きりである。

知らない

玲華さんが始発電車で発車を待ちながらうとうとしていると男女が言い合う声がした。

しつこく言い寄る男性を、女性が言葉少なに拒絶している感じだ。ナンパだろうか。

「どうしてこうなんですかねえ」

「知らない」

「どうしてこうなんですかねえ」

「知らねえよ」

そんなやりとりをひたすら反復している。

朝っぱらからうるさいなあ。

目を開けて、見遣る。

斜《はす》向かいの席。

水商売風の女の真横に、スーツ姿の男が腰掛けていた。

「どうしてこうなんですかねえ」

「知らねえって」

「どうしてこうなんですかねえ」

「だから、あたしが知るわけねえだろうが！」

男の身体はスルメイカのように薄っぺらで、向こう側が透けていた。

そそくさと降車し、玲華さんは次の電車を待ったという。

東京都の南側に位置する駅でのことである。

小人の正体

某大学ワンダーフォーゲル部のＯＢである坂下さんから聞いた話。

群馬と新潟の県境に位置する某山の頂付近にそのサークルが管理する山小屋がある。そこでは昔から怪しいものの目撃談がまことしやかに語られているのだという。そんな話をサークルの先輩から聞かされたとき、坂下さんは当の山小屋にどんなものが出るのかにはさして興味を惹かれなかった。

あそこなら何が出てもおかしくないな。そう思っただけだった。

というのもその山小屋の地階部分にある備蓄庫は確かに異様な雰囲気で、百戦錬磨の山男ですら、一人であそこに入るのは勘弁、と尻込みする無気味さだったのだ。

夜などは、備蓄庫に通じる階段のすぐ手前にある便所に行くだけでも恐ろしい、と坂下さんは語る。

「あれは僕がまだ若い頃でしたが、その山小屋で怪談話をしたことがあります。季節は冬で、あの辺りは結構な豪雪地帯ですから、集まっていたのは腕に覚えのある連中ということになりますね。どういうわけかああいう場では、自然とそういう話が始まるんです。僕は専《もっぱ》ら聞き役ですが、中には話の上手い奴もいるもんですよ」

四十年以上前のことだから、そこで語られた怪談の一つ一つを覚えているわけでは無論ないけれど、坂下さんにはどうしても忘れられない話がある。

「ある青年が、山小屋のすぐ近くで小人を見たというんです。その描写が何だか印象的で」

日が落ちかけ、急速に薄暗くなっていく雪の道を踏みしめながら進んでいると、遠くにぼんやりと明かりがちらつく。山小屋の光にしては心許ない。蝋燭を等間隔に並べたようにも見えるが、そんなことをする意味が分からない。

数十メートル進んだところで、光源が見えてきた。

地上から三十センチほどの辺りに、白い発光体が浮いている。

小人だった。

全身から仄白い光を発する小人が、ふわふわとホバリングしているのだ。

その数、優に数十体。

「怖いというよりは神秘的な感じで、しばらくボーッと見つめてしまったそうです。それで気づいたときには真っ暗な山道に佇んでいたとかで、慌てて山小屋に飛び込んだという話でした。幸い小屋からそう離れていない場所だったらしいですが、下手をしたら遭難していますよ」

驚いたことにその話を皮切りに、自分もそれに似たものを見た、という目撃談が堰を切ったように語られ出したのだという。

が、坂下さんは、話を聞きながら「そんな小人なんてものがいるわけないだろう」と思っていた。大方疲労のせいで幻覚を見たに違いない。

そう感じていたのは坂下さんだけではなかったらしく、一人の男がニヤニヤと馬鹿にしたような笑みを浮かべながら、こんなことを言った。

「何だよ小人って。白雪姫じゃあるまいし。一体どんな格好してたわけ？」

その瞬間、階下の備蓄庫から、

〈……んぎゃあ……ふやぁ……おぎゃあ……〉


という赤ん坊の泣き声が聞こえてきたので、坂下さん始めその場にいた全員が悲鳴を上げて飛び跳ねた。

「今にして思えば、狐とか山鳥の声だったのかもしれませんね。でも流石にタイミングがよすぎたんですよ。先輩達の中には、昔その備蓄庫で子供を産み落とした女がいて……なんて見てきたようなことを言う人もいましたけど、それは幾ら何でも眉唾だと思いますよ」

後に聞いたところでは、小人ではなく、ふわふわと浮きながら発光する赤ん坊を見たとの目撃談もあるそうだが、結局のところ、何に由来するものかは分からない。

「今度、ひとまずは夏にでも登ってみたらいかがですか？　運がよければ会えるかもしれませんよ。小人……だか赤ん坊だか分かりませんけどね」

ギリギリ

「怪談というわけじゃないけど、怖い体験なら一度だけありますよ」

新宿ゴールデン街のバー「西瓜糖」で同席した忠司さんがこんな話をしてくれた。


忠司さんが中学生の頃というから、三十年ほど前のこと。

当時、彼の一家は大阪市にある十階建てのマンションに住んでいた。コの字型の居住部分が中庭を囲む設計の、かなり大きな建物だったという。

「その日は実家で昼メシ食べてすぐに友達との待ち合わせに向かったんです。ということはきっと何かで休みの日だったんでしょうねえ」

マンションを出て中庭を歩いていたところ、後ろから視線を感じた。

何だろう？　と振り向いた忠司さんは、見知らぬおじさんが十階の外廊下にいるのを認めた。

おじさんは廊下の手摺りに足を掛けた状態で、こちらを見つめている。

二人の視線が交差した。

「飛び降りって言葉は、何故か頭に浮かびませんでした。このおじさん、何をふざけているんだろう？　って不思議に思ったんです」

しばしの間、二人は微動だにせず見つめ合った。

と、不意におじさんが手摺りに乗せていた片足を引っ込めた。そしてそのまま、エレベーターのほうにスタスタと歩いていってしまったのである。

「それを見たら、自分の役目もこれで終わりって気がして」

忠司さんは後ろを振り返ることなく、友人との待ち合わせに向かったらしい。

「あのとき、何でその辺の大人に一声掛けなかったのかなあ」


数時間後、帰宅した忠司さんが見たのは、中庭に集まり何かを遠巻きに眺めるマンションの住民達の姿だった。

その中に母親を認めた忠司さんは、そちらに駆け寄った。

「何があったの？」

と訊ねたところ、母親は真っ青な顔で、

「何って、飛び降り……。お母さん、間近で見ちゃった……」

それを聞いた途端、膝から下の力が抜けた。

あのおじさんだ、と思った。

もちろん、そうだろう。それにしても、どうして自分は今の今まで、あんな異常な状況を見て平然としていたのか。わけが分からなかった。

あのおじさんがいた十階の外廊下、そのちょうど真下に当たる地面に、赤黒いシミが見てとれた。管理人のじいさんが歪んだ顔を隠そうともせず、ホースで水を撒いている。

「その日は確か生協の配達があって、母親達は中庭で荷物の仕分けをしていたらしいんです。そうしたらいきなり例のおじさんが上から降ってきたと。当たり前ですけど、それからしばらくはマンション中、大騒ぎでしたね」

後に聞いたところでは、そのおじさんはマンションの住民ではなかったそうだ。恐らくは突発的な自殺なのだろうが、たまたま目に付いた建物が忠司さんのマンションだったのか、あるいは以前からそこに目星を付けていたのかどうかは不明である。

確かなのは、忠司さんが飛び降りる直前のおじさんを目撃したこと。

その場所が、マンション十階の外廊下、具体的には一〇〇九号室の目の前だったこと。

三十年経った今でも脳裏に焼きついて離れない、鮮烈な体験なのだという。

「それは確かに『怖い体験』ですね」

話を終えた忠司さんがハイボールを飲み干すのを待って私は言った。

店内には私の友人含め何人かの客がいたが、皆、忠司さんの話に聞き入っていた。

「そうでしょう？　後味の悪い話だから、余りこういう場で話したりはしないんですけどね。今日はまあ、折角の機会だから」

「貴重なお話、どうもありがとうございました」

「いえいえ、お化けが出てこなくて申し訳ないけど」

「とんでもない。興味深い話でした」

それからしばらくはその場にいた客同士、忠司さんの体験談について、ああでもない、こうでもないと意見を交わしていたのだが。

「それにしてもあれですね、飛び降りる直前を見ちゃった忠司さんもそうですけど、実際の現場に出くわしたお母さん達は災難でしたね」

再度、忠司さんに話を振ってみた。

「うんうん。おふくろなんて、しばらく魂が抜けたみたいになっちゃって」

「そうもなりますよね……それにしても、忠司さん……その話で俺が一番イヤだなと感じるのは――」

「うん？」

「――その人が飛び降りた外廊下の、目の前の部屋に住んでた人ですよ」

「ああ……」

「一〇〇九号室でしたっけ?」

「……」

「玄関のドアを開けるたびに、ああ、ここから人が飛び降りたんだな……と思うわけでしょ? 俺個人としては余りそういうのは気にしないほうなんですけど、そんなところにはもう住めないって人がいてもおかしくない、というかそれが一般的な感覚なのかな……イヤだったでしょうね」

「……」

言葉を重ねるほど、忠司さんの表情が曇ってくるのが気になった。

「あ、すみません、ペラペラと」

「いや、それは別にいいんですが」

「……」

「実は今、急に思い出したことがあって」

「それは?」

「一〇〇九号室の人ね、つまり飛び降り現場の目の前に住んでた人」

「はいはい」

「その人、しばらくして亡くなってるんですよ」

「えっ？」

「それも飛び降りでした。同じ外廊下から」

「あ……」

「それだけじゃないんです。その一階下、九〇九号室の人も死んでます」

忠司さんの顔色が見る見るうちに青ざめていく。

その場にいた全員がこの予想外の展開に固まっていた。バーテンの子は酒を出すのも忘れて忠司さんを見つめている。

「もしかして」

「はい、それも飛び降りです。九階の外廊下、自分の部屋の目の前から。その後すぐに、今度は八〇九号室の人も」

「同じように？」

「いや、八階外廊下の手摺りに縄掛けて首吊ったんです」

「……」

「何で今までこんな大事なことを忘れてたんだろ……」

怪談の取材をしていると、こういう事態には間々出くわす。

自己の体験をアクティブに「語る」行為によって、眠っていた記憶にエンジンが掛かるのだろう。

それにしても、である。

これほどに強烈な、もっと言えば禍々しい記憶をすっかり忘却しているなんてことが、果たしてあり得るのだろうか。

「その流れでいうと今度は……」

「七〇九号室ってことになりますよね」

そこまで言って、忠司さんはグラスに口を付けた。グラスは空だった。溶けかかった氷を頬張り、ガリガリと噛み砕く。

「それが、自殺の連鎖は八階までピタッと止みました。死んだのは三人……いや、最初のおじさんを入れて四人か」

「それは例えばマンション側がお祓いをしたとか？」

「その可能性もあります。それとも累が及ぶのを恐れた七〇九号室の人が引っ越しでもしたのか。そこもすみません、記憶にないんです」

「なるほど……」

「で、ですね、これもまたイヤな感じなんですけど」

「はい？」

「僕が住んでたの、六〇九号室なんです」

「……」

「何というか、割とギリギリだったんですかね？」

「ギリギリ、だったのかもですね」

「ですよね」

「はい」

「……」

「……」

「……ぼちぼち、帰りますね」

「あ……お疲れさまです」

「おやすみなさい」

「おやすみなさい」

酒乱

未だに酒癖のよくない加部さんが十年ほど前に同棲していた美夏という女性は彼に輪を掛けた酒乱で、お店の立て看板を引きずって帰ってきたり、知らない家の庭で大の字になって寝ていたりというような醜態を月に一度は晒していたそうだ。

ある晩、加部さんと美夏は貰い物のスコッチを炭酸水で割って飲んでいた。つまみはソーセージと目玉焼きで、これは二人でする晩酌の定番メニューだった。

テレビを観ながらだらだら飲んでいると、そのうち美夏の目が据わってきた。

加部さんはこれは不味いと思ったが時既に遅く、やおら立ち上がった彼女は道路に面した窓を開け放ち、そのまま嘔吐《おうと》し出したのだという。

加部さんと美夏の部屋は一階で、窓のすぐ下にはヴィオラやアリッサムを寄せ植えした小綺麗な花壇が置かれている。大家の女性がまめまめしく世話をしているものだ。

面倒なことになったな。

とはいえ、その頃には加部さんのほうでも大分酔っていて億劫《おっくう》だったから、美夏の狼藉《ろうぜき》を叱ったりはしなかった。そんなことをすれば、更に面倒なことになるからだ。

それで加部さんは、もうなるようになればいいやと肘枕で横になり、べろんべろんの美夏がえろえろと吐きまくるのをぼんやりと眺めていたらしい。


翌朝、加部さんは畳に突っ伏した状態で目を覚ました。

時計を見れば八時過ぎで、頭の中は煙が詰まったような具合である。

部屋に美夏の姿はなく、窓は開け放たれたままだったそうだ。

昨夜のおぼろげな記憶を辿ると、胃の中のものをあらかた吐き終えた彼女が、窓の外に立つ誰かと話しているのを目にした気がする。

そのときは、大方通行人か同じアパートの住人か、あるいは花壇の持ち主である大家その人に粗相を見咎《とが》められたのだろうと思っていたのだが。


「どうしてあなた、顔がないんですかあ?」


確かに美夏は、窓の外の誰かにそんなことを言っていた。

一体、誰と話していたんだろう。

というか、どこにいるんだ、あいつ。

そのとき、風呂場から浴槽の水を抜くような、ズズズ……という音が聞こえてきたので加部さんはビクンと身体を震わせた。

何だ風呂かよと思ったが、他の物音は聞こえてこない。

浴室のドアを開けた。

美香はそこにいない。

湯船に浸かったどころか、シャワーを浴びた形跡もなかった。

排水口の縁に何か白い米粒のようなものがこびりついている。

よくよく見れば、数匹の蛆虫だった。下水管を上がってきたのだろうか。

加部さんが熱いシャワーでそれを流していると、今度はインターホンが鳴った。

それで外に出てみたら――。
と加部さんは言った。

――大家のおばさんと、警官が二人いました。

私の部屋の真上に住んでいた人が亡くなっていたそうなんです。

詳しくは教えてもらえませんでしたけど、風呂場で自殺していたって話でした。

秋も深まりかけの時季だったから発見が遅れて、死後一週間とか経っていたらしくて。

どうして御遺体が発見されたかというと——。

と加部さんは続けた。

——その日の早朝、確か四時とか五時とか言っていましたが、近所の交番に女が来たんだそうです。

その女は○△マンションの二〇二号室で人が亡くなっていると、そう言ったという話でした。

女の横には——。

と加部さんは暗い顔で言った。

——鉛筆みたいに長細い男が寄り添っていたそうです。

その男は終始無言だった、と。

応対した警官も、顔はよく覚えていないとのことで。

二人はちょっと目を離した隙に消えてしまったそうです。

あくまで推測ですけど、と加部さんは言った。

その女って美夏じゃないですか？

それに、女と一緒にいたっていう男ですけど。

そいつ、ちゃんと顔があったんでしょうか？


美香はその後、二度と加部さんの前に現れなかった。

任意の事情聴取を終えた彼が帰宅すると、どこかで見た顔の女がアパートの前に立っていた。女は無表情で会釈し、加部さんは、はたと女のことを思い出した。

女は美夏の友人で、もっと言えば加部さんとは高校時代の同級生だったのである。

加部さんは高校生の頃に交際していた一つ年下の女性を妊娠させたことがあり、そのことを知っていた友人は、美夏と加部さんとの交際に終始反対していたという。

美夏は揉め事があるたびにその友人に頻繁に相談していた気配があったのだが、加部さんのほうではあえて口を挟むようなことはしなかった。

その友人は仮面のような表情を一切崩すことなく、大体において以下のような話をしたそうだ。

美夏はその年の夏頃に、加部さんの子供を妊娠していた。

けれど加部さんはいい歳をして定職にも就かずぶらぶらしている。

おまけに事あるごとに「言葉の暴力」を繰り返すので、結局、彼女はそうした心労が原因で流産してしまったのだという。

にも拘らず、加部さんからは金銭的な援助も精神的なケアも一切ない。

そのため最近の美夏は好きでもない酒に溺れて自分を傷つけている。

現在、彼女はとある友人の家に身を寄せているが、今日を以て加部さんとの同棲関係を、更に言えばそれを含めた一切の関係を断つというのが美夏の、そして彼女の友人一同の総意である。

不服であるというなら出るべきところに出る準備はできている。しかしここはお互いの今後のためにも、穏便に終わらせたほうがいいのではないだろうか。

そんなことを一気にまくし立てると、加部さんの返事も聞かずに帰っていった。

流産などということは、加部さんはまったく寝耳に水であった。

「言葉の暴力」という部分にも納得がいかなかったし、そもそも美夏の酒好きと酒癖の悪さは、自分と出会った頃には既に完成されたものだったはずである。

何とか連絡を取ろうとしたが、電話は通じなかった。

残された美夏の荷物はどうすればいいのか。加部さんは途方に暮れた。

半年経っても、美夏からは何の音沙汰もなかった。

恐らくは自分が美夏にした仕打ちというのが、公然の事実として認められてしまったのだろう、共通の友人も加部さんのことを白い目で見るようになり、面罵《めんば》されるようなことも何度かあったらしい。否定するのも億劫だから、言われるがままにしておいた。


美香が加部さんの前から姿を消して、一年が経った。

アパートの更新の時期が近づいていた。

手元にはバイトで貯めた多少の金があった。

もうこの土地には住みたくないと思った。隣県の不動産屋に足を運んだ。

引っ越しを済ませ、新天地で生活を始めた。

アルバイトをこなしながら就職活動をし、数カ月後には小さなデザイン会社の契約社員として働き始めた。

新生活にもようやく慣れ始めた頃、加部さんの下に一枚の絵葉書が届いたという。

どことも知れない破《や》れ寺らしき場所の写真が印刷されたものである。
差出人の住所はない。
○川○男という凡庸な男の名前が鉛筆書きのか細い文字で記されていた。
それを一目見た瞬間、加部さんは酷い悪寒に襲われた。震えが止まらない。
あの日、自分の部屋の真上で死んでいた男の名前だった。

酒場

義明さんが結婚前によく顔を出していた酒場に行ってみると、店内の雰囲気が見知ったものと違う。どこがどうと上手く言葉にできないけれど、照明の明るさとかお品書きの字体とか、そういう細かい部分が自分の記憶と微妙にズレていた。似ても似つかないわけではなくて、あともうほんの少し違ったら完全におかしいと思うだろう絶妙なラインでおかしいというか、間違いがあるかどうかが最後まで分からない間違い探しをさせられているような据わりの悪さである。

カウンターの向こうで立ち働く店主の顔にも、何だか違和感を覚える。

これも以前よりぼんやりした味付けになった気がするモツ煮をアテに酒を飲み、見るともなく店主の顔を眺めていた義明さんは、突然、あることを思い出してゾッとした。

震える声で会計を頼むと、店主は寂しげな顔で首を振る。

駆けるように店を飛び出した義明さんが後ろを振り向いたら、いつの間にかそこはチェーンの弁当屋になっていた。

あの店主が死んで、早二年になるのだった。

絞殺の部屋

筆者の弟は仕事で首都圏の某大学病院に出入りしている。

特定されないよう書いてくれと頼まれたので詳細は伏せるが、要するに院内の設備をメンテナンスする仕事と思ってほしい。

二十四時間常駐のスタッフが約十名おり、夕方からは五人体制で夜間勤務となる。夜勤に入る場合、交替で三時間の仮眠を取ることができる。

その仮眠室が問題なのだという。

天井の低い三畳ほどのスペースに二段ベッドを二台並べただけの殺風景な部屋である。申し訳程度の蛍光灯があるものの、基本的に寝るためだけの部屋だから、明かりを点けることは滅多にない。扉を閉めると、中は完全な闇に包まれる。

弟が話すには、この部屋で仮眠を取る人の多くがおかしな夢を見たり金縛りに遭ったりするそうだ。

以下は実際に弟の体験した話。

その日、弟が仮眠室のベッドで寝ていると、甲高い話し声で起こされた。

反射的に枕元に置いたスマホを見れば、起床のアラームが鳴る十分前。その間も話し声は聞こえている。

もう一つのベッドには前田という五十代の男性が寝ていたはずで、弟は最初、彼が電話でもしているのかと思ったらしい。

このオッサン、常識ねえなあ。

スマホの明かりを前田のほうに向けたところで、弟は硬直した。

前田は仰向けのまま両手を真上に挙げ、泡を吹くほどの猛烈な勢いで何事かを呟いていたのだ。

これ、寝言なのか？

しばし呆然と前田の様子を見ていたら、断片的にではあるが、その独り言が聞き取れるようになってきた。彼は頭上にかかげた両手をぶるぶると震わせつつ、

「ふざけんな！」

「俺は何もしてねえ！」

そんなようなことを延々とがなり立てている。

その様子にドン引きしてしまった弟は前田に背中を向け、あとはもうずっとイヤホンをして目を閉じていたそうだ。

起床時間になり、起き出してきた前田に、

「何か凄い寝言だったけど」

と弟が声を掛けると、

「いやあ、ちょっと嫌な夢見ちゃって」

夢の中で前田は、直属の上司、野村を殺害したかどで逮捕、起訴され、裁判官だか検察官相手に無罪を訴えていたのだという。

つまり弟の聞いた「ふざけんな」「俺は何もしてねえ」というあの寝言は、殺人の罪を着せられた前田による悲痛な直訴だったわけだ。

「確かに嫌な夢だね。でも結局、冤罪《えんざい》だったんでしょ?」

弟の問いに前田は、

「いや、実は殺してたんだ。馬乗りになって、首をぎゅうぎゅうと絞めて」

と答えたので弟は「冤罪ちゃうやんけ」とズッコケそうになった。

そこまでなら単なる夢の話だが、後日、弟がそれを他の同僚の前で話すと、何人かの顔色が変わった。

「そんな夢、俺も前にあの部屋で見たよ」

「えっ、おまえも？　実は俺もなんだけど、あの仮眠室、何かおかしくないか？」

ここからは弟の同僚、小籔に伺った話である。


普段は余りよく眠れないいんです。

いや、その仮眠室に限っての話。

暗すぎるのかなあ、部屋が。そんなに繊細なタイプでもないいんですけど。

でもその日は、ベッドに入った瞬間にスーッと瞼が重くなって、ソッコーで意識が飛んだんです。

しばらくして、いきなり全身の筋肉がピーンって緊張する感じがあって。

あっ、金縛りだ！　って目が覚めた。

とはいえ別に初めての金縛りではないいんで、まあ、頭は冷静でしたよ。

嫌だなあとは思いますけど、一生そのままってわけじゃありませんし。

だけどそのときは、物凄く苦しかった。

単に身体が動かないだけじゃなくて、誰かに首をぐいぐい絞められてるような感覚があって。

それで目を開けたら、真っ黒な人影が自分の上に跨《また》がってたんです。

さっきも言いましたけど、金縛り自体はそれが初めてじゃないんです。でもその最中に変なものを見るなんて経験はしたことなかったから、怖いは怖いけど、好奇心が勝ったんですね。

それで、ああ苦しいなあ、早く終わってくれないかなあ、って思いながらも、上に乗ってる人影を観察してみたわけです。

えっ、意外と冷静?

だって俺、基本的に化け物とか信じてませんからね。

いやあ、でもあれは化け物なんかよりずっとびっくりしたなあ。

見続けてるうちに、その人影の顔が分かるようになってきたんです。

目が暗闇に慣れてきたんでしょうね。

それ、上司の野村さんでした。

いつもはこう言っちゃ何だけど、ボーッとしてる人なんですよ。

でもそのときは凄い形相で、目なんか今にも飛び出そうでした。

おまけに口がパクパク動いて、何か言ってるように見えました。

今考えるとあれ、ずっと「死ね、死ね」って言ってたんですよ。

助けを求めようにも金縛りですからね、声も出ないわけです。

そのうちに意識も朦朧としてきて、ああこれは死ぬなあ、って覚悟した瞬間。

枕元に置いてたスマホが鳴ったんです。起床のアラームでした。

そしたら野村さん、ぽわっと消えちゃいました。

よく「煙みたいに」って言いますよね？　ちょうどそんな感じで。

あれはいいタイミングだったなあ。

アラーム鳴らなかったら、ほんとに殺されてたかも。

えっ、野村さんのことをどう思ってるか？

正直、どうとも。ただの上司と部下ですよ。それ以外の感情って特になくて。

もちろん嫌いってわけじゃないですよ？　ただ別に好きでもないかなあ。

あ、その一件があってしばらくは、ちょっと怖かったですけど。

でも、今はもう何とも。

あの、こんな話、怪談になります？

最初は確かに気味悪かったですけど、俺らの中ではこれ、もうとっくに笑い話になってるんですよ。

弟と小籔に訊いたところによると、現在十名いるスタッフのうち、実に七名がその仮眠室で誰かを殺す、あるいは誰かに殺される夢だったり、金縛り時の幻覚（なのかどうかは不明であるが）を見ているという。

それも殺したり殺されたりする相手は職場の同僚に限られており、上司の野村の登場率が比較的高いようだけれど、彼が部下から殺したいほど憎まれているとか、反対にいかにも部下を殺害しそうな人物であるというわけではないらしい。

そして小籔も述べていたように、そうした夢だか幻だかを余りに頻繁に見るせいで、今では専らただの笑い話として語られており、

「俺、今日の夢でまたおまえのこと殺してたぜ」

「またか。たまには別の奴殺せよ」職場ではそんな軽口もよく聞かれるのだとか。

この現象が病院という土地に由来するものなのか、それともその仮眠室だけが「殺しの磁場」のような空間になっているのかは定かではない。

ただその病院に入院していた人や、仕事で出入りしている人に話を伺ってみても、これといって奇妙な噂も聞かないから、やはりその部屋自体に問題があるのかもしれない。

幸か不幸か、弟自身はまだその夢を見ていないそうだ。

あいのかたち

長瀞さんがまだ学生で実家住まいだった頃、近所のカフェでよく見かける客がいた。五十年配の男性で、地味だが品のよい服装をしていた。白髪交じりの髪を後ろに撫でつけ、メタルフレームの丸メガネを掛けた姿は、いかにも「教授」然としていたらしい。

当時の長瀞さんは年上好きというか端的におじ専というべき嗜好《しこう》の持ち主だったから、その男性のことをかなりいいなと思って見ていたそうだ。

「教授」はいつも一人で来店しており、昼日中から文庫本片手にワイングラスを傾けたりもしていた。

一体全体、何の仕事をしているんだか分からない。

そういうところもミステリアスで、長瀞さんは彼を見かけるたびにきゅんきゅんしていたという。

そんなある日、長瀞さんが妹さんと二人で例のカフェに入ると、少し離れた席に「教授」がいるのに気づいた。

そういえば妹に「教授」の話をしたことはなかったな、と思った長瀞さんが、

「ほら、あそこに凄く雰囲気のあるおじさまがいて……」

とひそひそ声で話しかけたところ、横目でちらりと「教授」を見遣った妹さんは暗い表情を浮かべた。

「お姉ちゃんには視えてないのか」

そんな意味深なことを言う。どういうことかと問い詰めた。

最初のうちは「言いたくない」と言葉少なに拒絶していた妹さんだったが、長瀞さんの余りのしつこさに根負けし、こんなことを話し出したのだ。

「あの男の人、よくこの店に来てるよね。私も前から気になってた。でもそれは別に『いいな』って思ってたからじゃないの。あのね、こんなこと言うと頭がおかしい人みたいで嫌なんだけど、あの人の背中に、たまに女性の顔が浮かんでるんだよ。中年のおばさんで、疲れた顔してる。茶髪のソバージュで、遠目からでも眉毛を全剃りしてるのが分かる。そのおばさん、あの男の人を見たり近づいたりする人のこと、怖い顔で睨んでるんだよ」

そこまで言って妹さんは口を閉じた。

「今もそのおばさんの顔、視えるの？」

そう訊ねた瞬間、ぶるぶると物凄い勢いで首を横に振り始めたので「ああ、いるんだ」

と長瀞さんは全身が総毛立つようだった。

以来、長瀞さんはそのカフェには極力近寄らなくなったし、たまに街中で「教授」を見かけても、慌てて目を逸らすようになったらしい。憧れの気持ちは、とうに失せていた。


それから半年ほど経った頃、長瀞さんが駅前の、また別のカフェで試験勉強をしていたところ、店のガラス越しに「教授」の姿を認めた。

おや？　と思った。

珍しく「教授」は誰かと二人連れだった。

女性だった。肩を寄せ合い、とても睦《むつ》まじい様子に見える。

中年の女性だった。くたびれた表情に、茶髪のソバージュ。

顔は、まるでドーランを塗りたくったように真っ白だったという。

何で視えちゃったんだろ。

そう長瀞さんが思った次の瞬間、女がこちらを向いた。

しまった！　と後悔したときにはもう遅かった。

女はそのままスーッと滑るように店に入ってきて、あっという間に彼女の目の前に立っていた。

身体が強張《こわば》り、そちらを見ることができなかった。

けれど、いる。

今顔を上げたら確実に、女と目が合うだろう。それだけは避けたかった。


〈これが〉

俯いた頭のすぐ上で、かすれた女の声がした。

〈これが私達の、愛のかたちですから〉


それだけ言うと、気配は消えた。

数分後、長瀞さんがようやく顔を上げたときには、女は影も形もなかったそうだ。

程なくして長瀞さんは実家を出て一人暮らしを始めたから、現在「教授」とあの女がどうなっているのかは分からない。

ただ、何の根拠もないことではあるが、漠然と「まだ続いてるんじゃないか」という気がするとのことである。

ベベンベン

都内でSEをしている四十代の慎治さんから聞いた。
彼がたまに癒やされに行くコンカフェで働いていた女の子、楓花さんは一風変わってい
て、自分の守護霊は琵琶《びわ》法師であると公言して憚《はばか》らなかったそうだ。
楓花さん曰く、琵琶法師の霊は彼女の前にだけは姿を現して、様々なアドバイスをして
くれる。
そして、出現時には必ず「ベベンベン」という「三味線」の音が聞こえるという。
それを聞いた慎治さんは、
「琵琶法師なんだから三味線はおかしいよ」
と指摘した。しかし楓花さんは琵琶と三味線の区別が付いていないのか、
「琵琶法師だって三味線を弾きたいこともある」
そんなわけの分からない理屈をこねる。
楓花さんの頑なな態度に年甲斐もなくムッとしてしまった慎治さんが、スマホの画面を
見せながら、

「これが琵琶というもので……」

と説明し出したら不意に店の照明が落ちて、

〈ベベンベン〉

〈ベベンベン〉


という単調な琵琶のリズムがどこからともなく鳴り響き、店内は一時騒然となった。

しばらくして電気は復旧し怪音も止んだが、何故か当の楓花さんが最も怯えている。

「ごめんなさいごめんなさいごめんなさいごめんなさい……」

彼女はそう譫言のように呟き続けていたそうだ。


数週間後、愼治さんが再度顔を出すと、店に楓花さんの姿はなかった。

店長の話によれば、ある日突然、

「壇ノ浦に聖地巡礼をしに行く」

と電話を掛けてきて以来、無断欠勤が続いているのだという。

「琵琶法師イコール壇ノ浦っていうのも、何だか早計な感じですよね」

言いながら、慎治さんは首を傾げた。

ブーパン

「怪談なのか何なのか、自分にはよく分からんのですけど」

と前置きして柿崎さんが話してくれたのは、アルバイト先の社員さんに連れられて、生まれて初めてフィリピンパブに行ったときの顛末《てんまつ》である。

ムスッとした顔のおねえさんが隣に着いた。

酌をしながら何事かを話しかけてくるが、来日してまだ数週間というその女性は、

「オニーサン」

「イケメンダネ」

「オサケノミマスカ」

くらいしか語彙がなく、かといって英語に切り替えようにも柿崎さんの語学力では、できて天気の話くらいが関の山だ。

社員さんはといえば、既に大分気持ちよくなっている様子で、柿崎さんのことなんか構わずにママらしき女性と楽しげに会話している。

余りにつまらない。早く帰りたい。

手持ち無沙汰から水割りを飲みすぎたせいか、柿崎さんは小用を催した。同時に、若干の吐き気にも襲われていた。

トイレの場所を訊くと、社員さんと話し込んでいた女性が店の奥を指差しながら、

「ブーパン、だめよ、ドントタッチ、触って、だめ、ブーパン、アブソリュートリー、ノット、分かたか」

そんなようなことを早口で言い捨てた。

ブーパンって何だよ、と思いはしたものの、尿意と吐き気は既に切迫しており訊き返すのも面倒だった。

柿崎さんは「オーケー、オーケー」といい加減な返事をしてトイレに立った。

カウンター横の厨房だか物置だかも分からない暗いスペースにアルミ製のドアがあり、そこを開けると配管がむき出しになった殺風景な洗面所になっている。トイレはその先だ。

付いてくるんじゃなかったな。

柿崎さんは暗澹《あんたん》とした気持ちでトイレのドアを開けた。

用事を思い出したふりでもして帰ってしまおうか。

そんなことを考えながら便器の前で中腰になり、胃の中を空にした。ほんの少しだけ、

気分が楽になった。

トイレットペーパーで口を拭いつつ、何とはなしに足元に視線をやった柿崎さんは妙なものを見た。

洋式便器と壁の隙間に、蓋の付いた小さなゴミ箱が置いてある。汚物入れだろう。それは分かる。

その蓋の上に、一体の人形がちょこんと置かれていた。

布でできたフランスパンのような形状のものに、サインペンか何かで目鼻口が描かれ、赤いドレスが着せられている。

極めて雑な造りという他ないが、頭髪だけは黒々として異様にリアルだった。

これがブーパンか、と思った。

何の意味があるか分からないが、魔除けとか火伏せとか、大方そういった呪術的な人形なのだろう。

きっとそういうことだ。

柿崎さんはもうそれ以上考えることをやめて小用を足した。

極力、その人形のほうは見ないようにした。

というのも人形をしばらく観察しているうちに、何だか鼻の奥がツーンと痛くなってきたのである。

席に戻ると、今度は社員さんがトイレに立った。

「ブーパン、だめよ、ドントタッチ……」

先ほどと同じ調子で繰り返される女性の声を聞きながら、柿崎さんは心を無にして水割りを飲んだ。


「あのブーパンって見ましたか？　一体何の意味があるんですかね？」

駅までの道すがら、柿崎さんは社員さんにそう訊ねてみた。

「何の意味ってそりゃあ、御先祖様を供養してるんだろ」

店では酩酊《めいてい》しているように見えたが、存外に明瞭な口調で社員さんは答えた。

「詳しいんですね。僕は魔除けとかそういうものかと思いましたよ」

「はあ？　まあ、確かに便所にお供えしてるのは日本人の感覚的にはおかしいというか変わってるけどね、他所の国にはまた別のやり方があるだろうし」

「そもそも、あれってお供え物なんですか？」

「だって、見れば分かるだろ」

「御先祖様に人形をお供えするんですか？」

「人形？　そんなものどこにあったの？」

「えぇッ？　だって今その人形の話をしてるんですよね？」

「あの、柿崎君、さっきから言ってることがよく分かんないぞ」

社員さんの話によると、便所に置いてあったのは柿崎さんの見た奇妙な人形なんかではなく、箸の突き刺さった山盛り御飯、すなわち「仏飯《ぶっぱん》」だったというのである。

結局、最後まで二人の意見は平行線を辿った。

社員さんはそれからしばらくして別の店舗に異動になり、柿崎さんもアルバイトを辞めてしまった。件のフィリピンパブも現在は内装だけいじって別のスナックになっている。

一度、柿崎さんは興味本位でその店のトイレを使ってみたけれど、そのときにはもうあの人形も、社員さんが言っていた仏飯もなかったそうだ。

そうでもない

「よお、久しぶり！」

不意に背後から声を掛けられ振り向くと、不景気な面《つら》の男が立っていた。

髑髏《どくろ》に湯葉を貼りつけたような顔で、サイズの合わない背広を着ている。

「懐かしいなあ、まだ××にいるの？」

数年前に勤めていた会社の名前だ。それでピンときた。

「あ、三井さんですか？」

世話になっていた取引先の課長だ。随分痩せたな。

「おいおい、他に誰がいるんだよ！」

そう言って笑う。ボロボロの黄色い歯が数本覗いた。

「最近どう？　元気してるの？」

「まあ、ぼちぼちですね。三井さんは」

そこで口をつぐんだ。こんな様子で元気なはずがない。

「俺か？　俺はなあ」

寂しげな笑みを浮かべた。

「そうでもない」

そのままずぶずぶとカーペットの敷かれた床に沈んでいってしまった。

周りの人達が怪訝《けげん》そうにこちらを見つめている。

今自分がどこにいるのか、ようやく思い出した。

ドイツ旅行中のホテルのロビーであった話である。

こけしとひとだま

二十代半ばの琴美さんは十歳のときに訪れた旅館で座敷童子を見たのをきっかけに、ちょっと変わった体質になってしまったそうだ。

その体質についてはおいおい触れるとして、琴美さんが座敷童子を見たという旅館は東北地方の某所にあった。

念のため断っておくと、遠野ではない。岩手県ですらない。座敷童子とは本来、岩手県遠野郷に伝わるローカルな妖怪であるから、それなら彼女が見たものは座敷童子と呼べないのでは？　と考える人がいるかもしれない。

けれど体験者である琴美さんが「座敷童子だと思う」と主張している以上、当方としてはそれが座敷童子で何の問題もないのだ。

琴美さん本人にも協力を仰ぎ調べたところ、問題の旅館はいわゆる老舗ではなく、バブル期の温泉ブームに乗じて建てられたものだったようだ。

その旅館には二泊した。

一日目、両親と温泉に入りに行くとき、うわっ、と思うものを見た。

温泉がある別棟へと続く渡り廊下の左右に、無数のこけしが並べてあったのだ。

琴美さんは内心、薄気味悪く感じたものの、殊更に明るく「凄いね」「可愛いね」とはしゃいだ様子を見せたという。強がりたい年頃だったのだろう。

そして二日目の夜、琴美さんは再び温泉に向かった。今度は一人だった。両親は普段飲まない日本酒に酔ってしまい、かったるくなってしまったのである。

例の廊下を通るのは気が進まなかったけれど、両親の監視抜きで温泉に入るというワクワク感が勝った。

が、そこに一歩足を踏み入れたところで、琴美さんの心は挫《くじ》けそうになった。

のっぺりとした蛍光灯の明かりに照らされたこけし達が、招かざる闖入《ちんにゅう》者を凝視しているような感覚に陥る。人の形をしたものに特有の圧力が、空間を満たしていた。

やっぱりよそうかな。そんな考えも当然浮かんだ。

けれど「一人で大丈夫」と出てきた手前、おめおめと逃げ帰るのは十歳児のプライドが許さない。

数秒の逡巡の後、琴美さんは意を決した。

大きく深呼吸すると、全力で廊下を駆け抜けたのだ。

別棟までの距離はせいぜい十数メートル、琴美さんの足でも一瞬で到達できる。

あっという間に別棟の入り口に辿り着いた彼女が引き戸に手を掛けた、そのときである。

背後から、ドタドタドタッ！　と足音が聞こえた。

咄嗟に振り向いた琴美さんが見たのは、獲物を狙うような姿勢で腰をかがめ、猛然と駆け寄ってくる赤い着物姿の女の子だった。

直後、鳩尾《みぞおち》の辺りにドスン！　という息が止まるほどの衝撃を覚えた彼女は、そのまま意識を失った。


気づいたら両親と宿の人に付き添われ、病院の待合室にいた。

廊下で倒れているところを発見された琴美さんは宿の車で付近の病院に運ばれたのだが、特に外傷も見当たらず、貧血か何かだろうと診断されたそうだ。


以上の体験を折に触れ誰かに話すと、多くの人は「怖いね」と身を震わせつつも、

「でもその女の子って、ひょっとして座敷童子だったんじゃない？」

そんな所感を述べる。あるいはまた、こんなふうに言われたことも。

「座敷童子を見たら出世するとか幸せになるとか言うじゃん？　多分それ、凄くラッキーな体験だったんだよ」

「それが全然ラッキーじゃなくて」

そう語る琴美さんの声は沈んでいる。

「そもそも体験自体が本気でトラウマなんです。今でもこけしを見るとあのときのことがフラッシュバックして怖いし、その後のおまけというかオプションもマジで要らないんですよね……」

その「おまけ」乃至「オプション」というのが、冒頭で述べた「ちょっと変わった体質」である。


座敷童子の一件以来、琴美さんはひとだまが見えるようになった。

事故現場や墓地などのいかにもなスポットに限らず、一例を挙げれば、デパートの屋上、区役所のロビー、近所の児童公園、新幹線の中、海水浴場、都内にある某スクランブル交差点……といった具合に、日常生活の至るところにひとだまはいた。

「人が集まる場所には比較的多い気がします。大体の場合、赤とか緑、黄色のシャボン玉みたいなものがふわふわ浮いてるような感じなんですけど、たまに物凄く大きくて、何というか毒々しい色をしたのがいます。そういうのは気持ち悪いから、あんまり見ないようにしてます」

一度、知人の紹介で、ある霊能者と話したことがある。

「あなたはとても貴重な力をお持ちですね。大切になさってください」

まだ何も話していないのに、そんなことを言われたとか。

霊能者が本物であることはよく分かったが、その力とやらを大切にしたところで何のメリットがあるのか分からないから憂鬱なのだ、と琴美さんは暗い顔で語った。

コート

カメラマンの柘植さんが五年前に住んでいたアパートの近くをたまたま通りかかった際、一人の男の後ろ姿が妙に気になったのだという。

男はベージュの少しだぼっとしたコートの袖をまくり、ポケットに手を突っ込んで歩いていた。

その後ろ姿が、五年前の自分に似ている。柘植さんはそう思った。

というか男の着ているベージュのコートは彼自身が五年前、学生の頃によく着ていたコートそのものであった。

柘植さんもまた、今目の前を歩く男がそうしているようにコートの袖をまくり、ポケットに手を突っ込んで歩いていたものだ。

そんなふうにどこか懐かしい気持ちでしばらく歩いていたら、男は一軒のアパートに吸い込まれていった。

五年前、柘植さんが住んでいたアパートだった。

途端に怖くなって踵《きびす》を返した。

あの男がもし当時の自分と同じ部屋に住んでいたらと思うと、気が変になりそうだったのだ。

それからというもの、柘植さんはあのアパートの近くには足を向けないようにしている。

何より不安なのは、と柘植さんは言う。

あの男が自分とはちょうど五年遅れの人生を辿っていると仮定した場合なんです。

その可能性については、極力考えないようにしている。

お札の効果

亜子さんと亮太さんご夫妻から聞いた話。

ある日、亜子さんが帰宅すると、亮太さんがベランダに面した窓の上に一枚のお札を貼っていた。

「それ、どうしたの？」

「ん？　近所の神社で買ってきた」

「えーっと、何のために？」

すると亮太さんは、

「知らない人が勝手に入ってくるんだよ、たまに」

こんなことを言う。亮太さんは「視える」人なのだ。

ちなみに亜子さん夫妻の部屋はマンションの八階である。

「ええ……聞いてないんだけど」

「あー、大丈夫……だと思う。ただの通り道みたいだから居ついたりはしないし、あんまり変なのは今のところ来てない……はず」

亜子さんとしては当然気味が悪い。とはいえお札を貼るぶんには、別段、支障はないだろう。それでその話はそれきりになっていたのであるが。

数週間後、亜子さんがふと窓のほうを見たら、例のお札が見当たらない。

「あれ、剥がしたの？」

「あー、うん……そうね……」

「何で？」

「……」

亮太さんの話をまとめるとこうである。

ある日、彼がリビングで本を読んでいると、うなじの辺りがぞわぞわした。

あ、これは「来る」かもしれない。

長年の経験からそう直感し、窓のほうに視線を向ける。

窓ガラスをすり抜けて、見知らぬ男が部屋に入ってくるところだった。

競馬場によくいるタイプの、安っぽいジャンパーを着たおじさんである。

普通の人と異なるのは、輪郭がぼやけているというか、見ていて何となくピントが合わない点だけだ。

全然効果ないじゃん、と亮太さんは思った。

お札って、返品とかできるのかな？

苦々しくそんなことを考えていたのだが、当のおじさんは、窓の辺りでキョロキョロしている。亮太さんには目を向けもしない。

あの人、何やってるんだ？

あるところで、おじさんの動きがピタッと止まった。

視線の先には、あのお札がある。

おおっ、気づいた！

亮太さんは興奮した。間違いない。おじさんは、彼が貼ったお札を凝視している。

これから一体何が起こるんだ……。

時間にして数十秒、ともすれば数分の膠着《こうちゃく》状態が続いた後、おじさんが動いた。

それはまるで、

〈ペコッ〉

という音が聞こえるような、可愛らしいお辞儀だったそうだ。

窓の上のお札に一礼したおじさんは、唖然とする亮太さんにはやはり目もくれず、スタスタと歩いて向かいの壁の中に消えていった。

「……だから、剥がしちゃった。効果ないよ」

「……一応、あったんじゃないの？　お辞儀してたわけだし……」

以前住んでいた名古屋のマンションで、そんなことがあったらしい。

学校

高木さんは、とある小学校の近くにあるアパートで、一人暮らしをしている。

仕事は配送業。朝、郊外の集配センターまで車で赴き、酷く残業が長引いたときは帰路の途中の銭湯で疲れを取ってから帰る。

その日も、銭湯を経由しての帰り道だった。

午後十時を過ぎると、小学校の通りには人の姿がまったくなくなり、商店もなければ自販機の一つもない住宅街で最も存在感を放つのは、ポツポツと立つ街灯の明かりくらいだった。

小学校がいつからあるのか、あるいはいつ改築されたのかは知らないが、その建物はごくごく現代的な造りをしていて、門扉も真新しい。

もう幾度となく学校の前を車で走っている高木さんは、その日も難なく通り過ぎようとした。

あれ。

高木さんはブレーキをゆっくりと踏んで停車した。

学校の前に設置された信号が赤を示している。

押しボタン式の信号がしょっちゅう赤になるのは、通勤時ならお馴染みのことだったが、これほどまで遅い退勤時でこの信号が赤になったことは、自分の知る限りない。

左右の歩道を確認するが、誰もいない。

尤も、赤なら止まるしかないのだが。

青になるのにさほど時間は掛からないはず、とハンドルから手を離さずに待った。

赤。

赤。

赤。

青にならない。

時計を確認していたわけではないが、体感的には五分は経っているように思えた。

故障か？

早く帰って布団にもぐりたい高木さんは焦れた。

このままいつまでも青に変わらなかった場合は警察に連絡するべきなのだろうか、などと考えながら煙草に火を点けたのとほぼ同時に、後ろから肩を〈とんとん〉と叩かれた。

反射的に振り返ると、今にも耳にくっつきそうな距離に見知らぬ子供の顔があった。

「うわあっ」

叫びながら子供から身を遠ざける。

縞模様のトレーナーを着てランドセルを背負った子供が、後部座席から身体を曲げてこちらに身体を近づけている。

子供を照らすのは、信号の赤色。

高木さんはぽかんと口を開けたまま、子供から目を逸らせずにいた。

子供はゆっくりと右手を挙げ、前方を指差した。

すると、子供の色がパッと青に変わった。

高木さんはそのとき、早くここから逃げなければ、と前を向いた。

車から降りるという選択肢は不思議と頭に浮かばなかった。

あ。

アクセルを踏む直前で、まだ信号が赤のままだと気が付いた。

ならば、子供を照らした青は。

子供……あっ！

目の前の横断歩道を、件の子供が右手を挙げながらてくてくと歩いていた。

子供は歩道に辿り着くと先の暗がりに進み、姿が見えなくなると信号が青に変わった。

高木さんは太ももの一点がちくちくと痛み出すのを感じた。
見ると、手元から落ちた煙草が作業ズボンに穴を開けていた。

お化け

お化け？　にいちゃん、そういうの好きなの？
えっ、集めてる？　お化けの話を？
俺、年中この界隈で飲んでるけどさ、そんな人見たのは流石に初めてだよ。
お化けの話ねえ。
にいちゃんは見たことあるわけ？　そう、お化け。
ないのかい。なのに好きなんか？
まあ、何だ、見たことないからこその憧れってのもあるよな、うん。
いや、俺も見たことないよ、お化けなんて。
あっ、今ガッカリしたでしょ？　そんな顔してたわ。
でもさあ、昔住んでた家に、どうも出たらしいんだよ。
何がって、そりゃお化けが。
いや、だから俺は見てないって。
かみさんがね、うん、当時の。あと娘が見たってさ。

どんな？

そうねえ、もう二十年以上前の話だし、かみさんも娘も死んじゃったからなあ。

詳しくは覚えてないけど、男のお化けだって言ってたよ。

玄関にさ、出たんだと。

家に帰ってよ、玄関のドア開けると、目の前にぶら下がってるらしいんだな、その男が。

えっ、怖い？

怖いかねえ。

にいちゃん、案外ビビりなんだな。

俺はお化けなんて怖いとは思わん。そもそも信じてもいないからねえ。

ただその家、前の住人が首括ってたんだよな。

うん、それは確かなの。ちゃんと不動産屋に聞いたから。

いやいや、かみさんと娘にはそんなこと言ってないよ。言うはずない。

女子どもにする話じゃないだろ？

あの頃は借家暮らしにもいい加減嫌気が差しててさ。

娘も自分の部屋が欲しいなんて言い出すし。

それを知り合いの不動産屋に相談したら、一人死んでる家でよければ安く買わせてやるぞってね。

事故物件？　ああ、今はそういう言い方があるのか。

まあ、確かに安かった。おまけに駅から近い、日当たりはいい、近所には商店街もあるしで、いい家だったよ。

場所？　ここから近いぜ。電車ですぐよ。

さあ、今はどうなってるかなあ。手放してからもう大分経つし、多分だけど、リノベーション？　か何かして、まだあるんじゃないかね。

はあ、見に行ってみる？

物好きだなあ、ほんと。いいよ、後で住所教えてやるから。

それでまあ、そういうお化けをだ、かみさんと娘が見ましたよっていう、ただそれだけの話。オチも何もないの。

かみさんと娘は流石に怯えてたけどねえ。

さっきも言ったけど、俺はお化けなんて信じちゃいないからさ、何を馬鹿なって相手にしなかったんだわ。

そうしたら、しばらくしてうちのが首吊っちゃった。

いや、だから当時のかみさんがよ。

朝起きたら、玄関で首括ってたの。遺書も何もなくてさあ。
娘も、よっぽどショックだったんだろうなあ。
いわゆるその、今で言うひきこもりみたいになってよ、一年もせずに死んじゃった。
ああ、それも自殺。首吊り。同じ玄関で。
続くもんなんだねえ、こういうのって。
その家には結局、それから一年ばかり住んだかなあ。
でも家にいると、どうしても思い出しちゃうんだよ、かみさんと、娘のこと。
そのうち夜になると、玄関から人の声が聞こえるようになって。
そうそう、死んだかみさんと娘の。
あともう一人、知らない男のも。
あれ、幻聴だよなあ。俺も大分、精神的に参ってたし。
だからそこは二束三文で売っぱらってさ、それから二十年、男やもめの賃貸生活よ。
えっ、怖い？
にいちゃん、ビビりだなあ、ほんと。
お化けがそんなに怖いかねえ？

喜びあり

芽衣さんのある日の仕事帰り。

いつものバスに乗ると車内にたまねぎのような刺激臭が漂っていた。他の乗客は誰もいない。

最後尾の席に新しいスニーカーが揃え置かれていた。

つい先日、芽衣さんが彼氏にプレゼントしたものだ。

靴の中からおみくじが出てきた。赤丸で囲われた箇所がある。

〈待ち人　来る　喜びあり〉

胸騒ぎがして、彼氏に電話を掛けた。

不通だった。

芽衣さんがおみくじを見つけた頃、彼氏は山中でガス自殺をしていた。

以前交際していた女性の命日だったと、通夜の席で聞かされた。

厭な話　二編

祖母の手

三雲君の祖母が病院で亡くなったのは彼がまだ六歳の頃だった。

その日の晩、夢の中で祖母が現れ、にこやかに孫へ手を差し伸べてきた。

物心が付いたときから祖母は寝たきりで、生前は仏頂面しか見た記憶がない。

子供心にその笑顔に違和感を覚え、三雲君は祖母の手を握り返すことはしなかった。

朝食の場で家族に夢のことを話すと、父も母も同じ夢を見たという。

後に聞いた話では、祖母と絡みが合った親戚のほぼ全てが同じ夢を同じ夜に見ていたそうだ。

中には「それで、手を握り返したんだよ」と家族に話した者もいて、その「握り返した親戚達」の全てが心筋梗塞で亡くなっている。

父の妹、すなわち祖母の娘もそれで亡くなっている。

ぷつぷつ

真咲君から聞いた話。

小学五年生の頃。

学校帰りに寄り道した近所の神社の鳥居に手を掛け、靴を脱いで中に入った小石を落とした。

改めて靴を履き直そうとしたところ、靴の踵の辺りを摘んでいた右手の先に違和感を感じる。

あっと思い指先の具合を確かめると、まったく痛みも前触れもなく、人差し指の爪がペロリと剥がれて地面に落ちた。

人差し指の本来爪で覆われていた部分の肉には無数の小さな穴がぷつぷつと空いていて、それらの穴から大量のイトミミズのような白い糸が出たり入ったりしていた。

非常事態が起きていることに泣きべそをかきながら、爪を拾い再び元の場所に被せた。

指先を握って家に帰ると、爪は元通りにくっついていた。

いなくなったほうのおかあさん

憲太さんには幼い日の奇妙な記憶がある。

小学一、二年生頃のことである。

その晩、両親が夕食の席で口論を始めた。喧嘩の原因は、思い出せない。

二人は共に温厚な人達ではあったが、当時、憲太さんの母は家計の事情からパート勤めを始めたばかりで、大方、その辺りに揉め事の発端があったのではないかという。

「子供心にも、相当に激しい喧嘩だってことは分かりました。普段は優しい母が、顔を真っ赤にして何か怒鳴り散らしていたのを覚えてます。最初のうち、おやじは苦虫を噛み潰したような顔で押し黙っていたんですが」

いよいよ激昂した母が持っていた箸をテーブルに叩きつけたところ、それが跳ね返り父の頬をかすめた。

「あ、今のは危なかったなと思った瞬間に……」

これまで無言で堪《こら》えていた父が、聞いたこともない怒号を上げた。

「いきなりですよ。おやじが丼を母の顔めがけて投げつけたんです。そういえばあの日の晩飯、何だったのかな……」

投げつけられた丼は母の額に直撃し「ふぎゃあっ！」という猫を踏み殺したような悲鳴が上がった。そうしてそのまま、母は椅子ごと後ろにひっくり返ってしまったのである。

直後、ごつん、という鈍い音が居間に響く。後頭部を床に強打したのだろう。

「実際、丼ぶん投げた当のおやじも動揺してましたよ。目を見開いたまま呆然としちゃって。僕はもう怖くて怖くて、すぐ横に倒れてる母のほうを見ることもできなかったんです」

そのまま、どれだけの時間が流れたか分からない。

突然、父が勢いよく椅子から立ち上がった。

「大丈夫かあっ！」

叫びながら母の下に駆け寄る。憲太さんもそれでようやく我に返ったそうだ。

「おかあさん！」

同じように叫んでそちらを見た彼はギョッとした。

仰向けに倒れた母は白眼を剥き、口から大量の泡を吹き出していたのである。

「その量が、ちょっと尋常じゃなかったんです。蟹の泡吹きって、前見えてんのかよってくらいブクブクに吐き出すじゃないですか？　もうあんな感じで、顔の下半分、鼻の辺りまで完全に泡で隠れてるんです」

憲太さんは一目見て、全身の血の気が引いていくのを感じた。

「おい、しっかりしろ！」

慌てた父が、今思えば不用意極まりないが、母を力任せに抱き起こした。すると、喉の辺りから「ひゅうっ」という呼吸の音がした。

生きている！　と憲太さんが思った、そのときである。

〈ルルルルルルルルルルルルルルルルルルルルルルルルルルルルルルルル〉

父の腕の中で、母はそんな声を上げ始めた。

抑揚も何もなく、単に「ル」という音を小刻みに発声し続ける母の様子はどう見ても普通ではなかった。心配であるというより、恐ろしかった。小便を漏らしそうだった。

父もこの状況に戸惑っているらしく、母を抱えたまま硬直している。

〈ルルルル……ルルル……ルル……ル……ル……〉

そのうちに、母から発せられる「ルルル」の間隔が間遠になってきた。

同時に、今度はお腹から奇妙な音が聞こえてくるのに気づいたという。

〈ピー、ガガガ……ヒョロロ……ピポパポピポパ……ピー、ガガッ……ズズ……ガガガガ……ピー、ヒョロロロ、ツツー……〉

何だこれ？　と憲太さんは困惑した。

父を見れば、彼もやはりわけが分からないという顔で、母を見つめている。

「ファックスの呼び出し音というかダイアルアップ接続音によく似ていた気がします。しばらく続いたと思ったら唐突に鳴り止んだんですが、そこでおやじが母を抱き上げて」

父は急ぎ足で玄関に向かうと、

「おまえは寝ていなさい！」

憲太さんの目の前で扉が音を立てて閉められた。数十秒後には車のエンジン音が聞こえたというから、恐らくは自家用車で病院かどこかに向かったものと推察された。

憲太さんは泣きながら両親の帰りを待ち続けた。こんな夜に一人で留守番をするのは生まれて初めてだったし、それに加えて、母が死んでしまうという恐怖と不安に押しつぶされそうだった。

いつまで待っても、二人は戻ってこなかった。

結局、泣きつかれた憲太さんは、リビングの床の上でダンゴムシのように丸まって眠ってしまったそうだ。

寝入りばなに、あの〈ピポパポ、ヒョロロ……〉という音を耳にした気がする。


翌朝、憲太さんは寝室の布団の上で目を覚ました。

当時、一家はリビングの隣にある部屋で川の字になって寝ていたので、してみると誰かが自分をここまで運んでくれたのに相違ない。

両親の布団は既に部屋の隅に畳まれており、リビングからはテレビの音が聞こえてくる。

憲太さんは慌てて襖を開けた。

テーブルの定位置に父が座し、朝食を摂っていた。テレビではいつも観ている朝ドラがちょうどエンディングを迎えたところだった。

「おかあさんはどうしたの!?」

起床するなり血相を変えて飛びついてきた憲太さんに、父は目を白黒させた。

「おかあさんなら今二階で洗濯物干してるぞ」

「えっ？」

二人の背後でリビングの扉が開いた。

「朝から何騒いでいるの？」

声のしたほうに振り返り、憲太さんは絶句した。


「全然知らない女の人だったんです」


そこにいたのは小柄で丸顔の、優しそうな女性だった。憲太さんの母は、確かに小柄で丸顔の、優しそうな女性である。

しかし、違う。決定的に違う。

似ているかどうか問われたら、似ていると答えるだろう。そう認めるにやぶさかではない。けれど別人だ。一目ですぐ分かる。

「強いて言えば、芸能人のそっくりさんですよ。背格好、目元、鼻筋、話し方、そういった特徴はよく似てるんです。でもその芸能人を好きでよく知ってる人なら、本人とそっくりさんを見間違えたりはしないでしょう？　それと同じで、僕にはすぐ分かりました。よく似てはいるけど、この人は絶対に母じゃないって」

その日から憲太さんは「この人誰なの」「おかあさんはどこに行ったの」と訴え続けたが、

父も、そして別人になった母も首を傾げるばかりだったという。

「僕が余りにしつこいものだから、病院にも何度か連れていかれましたよ。もちろん『今いるほうのおかあさん』にね。医者が言うには、こういうの、たまにあるそうですよ。多くは一過性のものだと診断されました。大人になってから本で読んだところでは、『カプグラ症候群』って名前も付いてるんです」

でもですね、と憲太さんは続けた。

僕にはこれがただの妄想だとは、どうしても思えないんです。

根拠は二つあります。

一つは、丼です。

そうです、あの日、おやじが投げつけた丼ですよ。

以前までの母がいなくなってしまったあの日、僕はちゃんと確かめたんです。

我ながら、そういうところは冷静だったのかなと不思議ですけど。

でも確かに、おやじが使っていた丼にはひびが入っていました。それは間違いないんです。

もちろん、丼がひび割れていたくらいじゃ、証拠としては薄いですよね。そのくらい、僕にも分かります。
それなら、この録音についてはどう思われますか？
聞いてみてください。それで感想を聞かせてください。
いいですか？　流しますよ。

〈ピー、ガガガ……ヒョロロ……ピポパポピポパ……ピー、ガガッ……ズズズ……ガガガガ……ピー、ヒョロロロ、ツツー……〉

どうです、聞こえたでしょう？
この電話、年に二、三回は必ず掛かってくるんです。
僕が子供の頃から。それも家に僕しかいないときを、まるで見計らったように。
携帯電話を持つようになってからは、そちらに掛かってくるようになりました。
ファックスの送信ミス？
ええ、大体みんなそう言います。
でも、あなたにも聞こえたでしょう？
最後に、僕の名前を呼んでたでしょう？

物凄く小さな、蚊の鳴くような声ですけど、聞こえましたよね？
電子音の後に「憲太」って、そう言ってましたよね？
これ〈いなくなったほうのおかあさん〉からの電話じゃありませんか？
ねえ、きっとそうですよね？
あなたもそう思いますよね？

もう一度、聞いてみますか？

絶対

高校三年の夏休みが終わる頃、理佐は街で嫌な光景に出くわした。

歩道に原付きが横転しており、フルフェイスのヘルメットを被った男が、地面に横たわる女に懸命に話しかけていたのだ。

男は「大丈夫ですか、今、救急車が来ますから」と何度も言った。

女は頭部のどこかに裂傷があるらしく、大量の血が歩道を覆っていた。

スカートから覗く足の膝の辺りから、尖ったものが飛び出ていて、そこからもたくさんの血が出ていた。

それほどの状態でも女の目は思い切り見開かれていて、女の意識を保とうとする男の呼びかけに、こんな言葉で応じていた。

「絶対に殺してやる絶対に殺してやる」

女は壊れたロボットのように、一本調子でそう言っていた。

理佐はその全貌を把握してから道路を渡り、反対の歩道を歩きながらまた彼らをちらりと見遣った。

そのとき、女の目がぎょろりとこちらを向いた。

気がした。

「絶対に殺してやる絶対に殺してやる」


夏休みが終わる頃にも、まだ事故現場を見たショックは癒えていなかった。

あそこまで血が出るのか。

あの傷はどれほど痛いのか。

あの状況で恨み言を吐くとは、あの女はいかなる性格の持ち主なのだろうか。

理佐は取り憑かれたように、あのとき見た人間の在り方について考えていた。


そして、学校が始まる。

チャイムが鳴り、今にも数学教師が教室に入ってきそうな瞬間に、

「絶対に殺してやる絶対に殺してやる絶対に殺してやる絶対に殺してやる」

と、背後から小さな声が聞こえた。

振り返ると、後ろの席に座る女子クラスメイトが、下を向きながらぶつぶつとそのフレーズを連呼していた。

あの女の姿がフラッシュバックする。

しかし、このいつも昼食を共にする女友達と、あの事故に関係はないはずだ。

「……ちょっと。何言ってるの」

「え？」

「今、怖いこと言ってたよ……何の冗談？」

「ああ。『絶対に殺してやる』って奴？　うん。言ってたよ」

「だから、何で？」

「何でって……あれ？　何でだっけ？」

「どういうこと？」

ガラリと教室の戸が開き、教師が姿を現すとそのまま会話は終わった。

授業が終わっても、蒸し返す気にはなれなかった。


理佐さんはその後の人生の中で、時々「絶対に殺してやる」と一人で連呼する人々に遭遇している。

「絶対に殺してやる絶対に殺してやる」

母がキッチンで。

「絶対に殺してやる絶対に殺してやる」

職場の同僚が会議中に。

「絶対に殺してやる絶対に殺してやる」

夫がテレビを見ながら。

声を掛けることができる間柄の人には「今の何？」と言うようにしている。

必ず彼らはそう言ったことを自覚しているが、何故そう言ったのかは分かっていない。

そして、それが分からないことに対して疑問を感じない。

理佐は彼らのこの異様な無頓着さに触れたときが、最も怖いのだそうだ。

黒看・赤看

「黒い看護婦が来やがるんだ。隣のじいさんに嫌がらせをしてる」

祖父が腎臓を悪くして入院していた際、見舞いに行くたびにそんなことを聞かされた。

祖父だっていい加減じいさんなわけだが、隣のベッドに寝ているじいさんは、なるほど確かにじいさんの中のじいさんというべき風貌で、全身に大小様々な管を繋がれた様子から、長くは保つまいと思われた。

ある日私が病室を訪ねると、そのじいさんのベッドは空になっていた。

恐らくそういうことだろうと察しは付いたけれど、一応祖父に訊ねてみた。

「今朝方、死んだ」

素気ない言葉が返ってきた。

「黒い看護婦がな、あのじいさんの口を夜通し押さえてたんだ。苦しそうだったな」

その頃には祖父も長い入院生活で弱ってしまい、大分突飛な譫妄《せんもう》を見るようになっていたのである。

「黒い服の看護婦さんがまた出たの？」

私が話を合わせせると、祖父は嫌そうに顔を歪めた。

「黒い服じゃねえ。黒焦げなんだ、黒焦げ。場所が場所だから、そういうのはたまにいるんだな。気持ちが悪くて仕方ねえ」

いつもよりはっきりとした口調でそう言いながら手で蠅を払うような仕草をしたので、私は襟元に氷をあてられた感じがした。

その病院があるのは、震災と空襲で多くの犠牲者を出した地域なのである。

リアリストの祖父がそんな話をしたのは、それが最初で最後だった。


都内の病院で看護師をしているタツルさんは、深夜、病棟を巡視している最中におかしなものを見た。

「廊下の少し先を、誰かが歩いてるんだ。女だと思った。妙にカクカクした動きでさ、後ろ姿だったけど、看護服着てるのは分かった」

ただし、着ている服は上下真っ赤に見えたという。

「こんなの絶対にお化けじゃんと思ってたら、トイレの中にスーッと消えちゃった。確認する勇気もなくて震えながらナースステーションに戻ったら、先輩に『見たの？』って訊かれて」

見ました、と答えると、先輩は呟いた。

「災難だったね。あれ、たまに出るんだ」

そういうの先に言っといてくれよ、と凹んでいたら、追い打ちを掛けるように、

「正面から？　後ろから？」

「う、後ろからです」

先輩は「ほぅっ」と短くため息を吐いた。

「そのうち正面からも見るだろうけど、覚悟しといたほうがいいよ」

実際、数カ月後には言われた通りになった。


「で、どんな顔してたの？」

当方の無遠慮な問いに、タツルさんは顔を顰めた。

「どんなも何も、顔なんて言えるシロモノじゃないね。しばらくは肉食えなかったわ」

言いながら、つまみのモツ焼きをパクパクと口に運んでいる。

ああ。

慣れたんだな。

と思った。

タマリンドの木の下で

カプレ。

ドゥエンデ。

ディワータ。

そのように名前を言われても、我々日本人にはこれら妖怪がどんな姿形のものなのか、まったく想像が付かない。

何にせよ、フィリピンで有名なこれら妖怪や精霊達の多くは、樹齢を重ねた大樹に棲むものとして言い伝えられている。

それぞれの妖怪達に纏わる伝説伝承は数多くある。

「木に纏わる不思議な体験なら幾つかありますよ」

と、マニラで小学校教諭をしているルビーさんは教えてくれた。

彼女の生家の庭には、三本のタマリンドの木が植えられていた。

枝それぞれに細長い葉をびっしりと生やしたタマリンドは、熱帯ではお馴染みの植物で、果実が食用にもなることからフィリピンでも広く栽培されている。

小さな頃、ルビーさんが妹とタマリンドの下で遊んでいると、妹が急に上を指差した。

「お姉ちゃん、あそこに大きなおじさんが座っているよ」

木の上に人がいる、と妹は主張するが、ルビーさんや家族には見えない。

「木の上には煙草を吸う巨人のカプレが座っている、というのは有名な妖怪話だけど、そのときは煙草の臭いはしませんでした」

ルビーさんは続ける。

「ある日、風邪を引いてベッドに寝ていたら、窓際に――窓の外すぐにタマリンドの枝が生い茂っているんだけど、男の人が立っていました。ジーンズを穿いていたのは見えたんだけど、その人は顔に目も口もなくて。男の人が部屋にいるのに、ママは気づかずに私の看病をしていました。それでママが部屋のカーテンを閉めたら、男の人がふっと消えたんです。熱に浮かされていただけかもしれませんがね。私もまだ小さかったですし
……」

「ママが出てきたこともありますよ。二階の私の部屋の窓の外にママが立っていたんです。夜中だったから本物のママは一階の寝室で寝ているし、窓の外に立っていられるわけがない。私と目が合っても、ママじゃないのにママのふりをしたまま、ママそっくりに、にこ

にこ笑っていて。急いで一階に逃げて、ママのベッドに入りました」

「これはもっと私が大きくなってからの話なんですが。十代の頃ですね。妹と、部屋で洗濯物を畳んでいたら、机の上に置いていたはずの私のスマホが行方不明になっちゃって。妹に私のスマホへ着信を入れてもらっても、部屋の中からは一切音がしないんです。どこに消えたんだろうと家じゅう探し回ってもなくて。諦めて部屋で洗濯物を片付け始めたら、目の前に置いていた靴の中に入っていたんです。私のスマホが。それにこの一連とまったく同じことがもう一度あったんです。何なんでしょうね」

「住んでいた部屋は私が家を離れてから、親戚の叔母に貸していました。叔母は五十歳になるけど、独身で綺麗な人です。その叔母が部屋に住み始めてから、毎晩男の人の夢を見るようになりました。その男の人はびっくりするくらいに美しい人で、夢の中で毎日叔母を訪ねてきてくれる。果物とか魚とか、食べ物を持ってやってきては、叔母にプレゼントしてくれるんだそうです。叔母は有り難く受け取るんだけど、部屋がどんどん、男の人があげた食べ物で一杯になってきてしまって。その夢の話を叔母が家族に話したら、叔母はマンババランの元へ連れていかれて、除霊をされていました」

マンババランとは、フィリピンで広く知られる魔女の名前だが、現在マンババランと呼ばれているのは日本でいうところの霊媒師のような存在である。

除霊によって叔母から離された霊的存在を、ルビーさんはエンカント、と呼んでいた。

夢の中でエンカントから手渡された食べ物は、決して口にしてはいけないという。

「もし夢の中で叔母がプレゼントされたものを食べていたら、夢から目覚めなかった……かもしれませんよね。私の国ではそのように言い伝えられています」

そうやって、ルビーさんはさも当たり前のように説明してくれた。

蝙蝠《こうもり》エリちゃん

沙耶香さんが以前勤めていたのは百貨店内にある大型書店で、そこには時折、少し変わった客がやってきたのだという。

その女は雨の日も晴れの日も真っ黒な蝙蝠傘を携えていた。

蒼白の顔色に映える赤い口紅を塗りたくり、黒を基調としたドレスやワンピースをいつも身に着けていた。いわゆるゴスロリファッションであるが、年齢は不詳。十代の少女のように見えるときもあれば、角度によっては、老婆に近い年齢では？　と思えるときもあった。

全体に、捉えどころのない印象。

沙耶香さん始め、何人かのスタッフが彼女に本の在庫を訊かれたことがある。

「エリちゃんね、『〇〇〇〇』という本を探しているの」

いつも舌足らずな口調で、名乗りながら訊ねてくる。

そういうわけで、店のスタッフは彼女のことを「エリちゃん」と呼んでいた。

誰かと連れ立っているところを見たことはなく、いつも一人だった。

一度、アルバイトの子が、

「エリちゃんがホストかスカウトのような出で立ちの男と繁華街を歩いているのを見た」

と話していたが、沙耶香さんにはそれがエリちゃんの雰囲気とそぐわないように思えた。

「他人の空似じゃない？」

「ううん……でも、確かにエリちゃんでしたよ」


ある日。

沙耶香さんが友人と繁華街を歩いていたら、背後から鈍い音が響いた。

振り向くと、数メートル離れた場所にうつ伏せになった女の姿がある。

「飛び下りだあ！」

「救急車、救急車！」

一拍遅れて、周囲は阿鼻叫喚《あびきょうかん》の様相を呈した。

人々の絶叫や狼狽の声、スマホのシャッター音が沙耶香さんの耳を聾《ろう》す。彼女はその只中に、呆然と立ち尽くしていた。

倒れていたのは、エリちゃんによく似た人だった。

上半身だけを見ると何ら異変はない。

しかし、下半身まで目を向けると、膝の骨が裏から飛び出し、じわじわとどす黒い血液が滲み出ていた。

傍らには柄の折れた黒い傘が転がっている。

沙耶香さんの視界がぐるぐると回転した。


次に気づいたときには、沙耶香さんは病院のベッドの上にいた。

飛び降りを見たショックで脳貧血を起こしたとのことだった。

あのとき見た人がエリちゃんだったのかどうかは、今でも分からない。


半月ほど休職した沙耶香さんが職場に復帰してしばらく経った頃。

「エリちゃん……ひょっとしたら死んでるのかもしれないな……」

一緒にレジに入っていた店長が、唐突にそんなことを言い出したという。

無論、店長は沙耶香さんが休職していた経緯は知っている。

しかし飛び降りたのがエリちゃんだったかもしれないとは、沙耶香さんは誰にも伝えていない。

「どうしてそう思うんですか？」

動揺を抑えながら、沙耶香さんは訊いた。

すると店長は「他のスタッフには内密に頼む」と前置きし、

「監視カメラに映ってたんだよ」と続けた。

「え？　それって来店したってことですよね？　じゃあ、何で死んだなんて……」

「営業時間内のカメラに映ってたならよかったんだけど……」

「えっ？」

「休憩入ったら、ちょっとバックヤードに来てくれるかな？」

沙耶香さんは好奇心に負け、その映像を見てしまったことを後悔している。

あそこで断っておけば、向こう側にとどまることができたのに。

あれを見る前と後では、私は別の人間です。

そう沙耶香さんは言った。

数日前。万引きと思われる事案が発生したため、店長は終業後のバックヤードで一人監視カメラの映像を確認した。

万引きについては、すぐにそれと特定することができた。犯人は中高生の三人グループで、かなり悪質な犯行だった。店長は少年らの顔写真と犯行の瞬間を証拠として映像から抽出し、本部に提出する報告書と警察への被害届を書いた。

念のため、他の箇所も確認しておこう。

そう思い映像を早送りしていると、信じ難い光景が映った。

タイムスタンプは閉店作業の直後を示していた。

電気を落としたスタッフが店を後にする姿もカメラは捉えている。

「これだよ」

店長はレジの後ろに設置されたカメラの映像をズームにし、モニターを指差した。

言われるまでもなく、沙耶香さんも気づいていた。

非常灯の明かりに照らされて、黒い人影が浮き上がっている。

レジの前で順番待ちをしているように見える。

俯き加減で顔は見えなかったが、服装に見覚えがあった。

全身黒一色のドレス姿。何よりも、手にはあの蝙蝠傘。

エリちゃんだ。

脳裏にあの〈事後〉のエリちゃんの姿が浮かぶ。

モニターの中のエリちゃんが持つ傘は折れていない。

身体から骨が飛び出してもいない。

わなわなと手が震え、背中を冷たい汗が流れた。頬の片側に、ヒクヒクと引き攣れるような感覚があった。

「実はこの先もあるんだけど、見る?」

店長はそう言い、沙耶香さんの返事を待たず映像を早送りした。映像のエリちゃんは二時間近くその場に立ち尽くしていた。

そしてある瞬間、前触れもなくまるで電気を落としたようにエリちゃんの姿が消えた。

非常灯の緑色の光が何もない空間を照らしている。

店長は無言のまま、また別の箇所の映像をズームした。

自分の喉が鳴る音がやけに大きく聞こえる。

映し出されたのは、店内で最も奥まった場所、医療関係の書籍が並ぶエリアだった。

そこに、またエリちゃんがいた。

黒ずくめのドレス、蝙蝠傘。

棚と棚の間、カメラから四、五メートル離れた位置だった。

エリちゃんの後ろ姿が上下逆さまで、そこにあった。

画角の問題で太ももから下は見切れているが、恐らくは天井からまるで蝙蝠のようにぶら下がっているのだろう。

肩までの黒髪とひらひらしたスカートは重力の法則を無視して、一切の乱れがない。エリちゃんの映像だけが上下反転している。

コピペしたみたいだ、と沙耶香さんは思った。

そのように考えてみると、エリちゃんの身体は奇妙に立体感を欠いて見えた。奥行きがないのだ。

まるで等身大の広告パネルを吊り下げているようだった。

「どう考えても、もう死んでるよなあ」

そう囁いた店長に、沙耶香さんは何の言葉も返せなかった。

あれを見る前と後では、私は別の人間です。

見てしまったからには、もう戻れないのです。

極彩色の悪夢

このたび、縁があって本書『実話奇彩　怪談散華』に参加させて頂いた。

編著者・高田公太氏の采配により、恐怖あり、幻想あり、不条理あり、とぼけた味わいありと、まさしく「奇彩」「散華」の名に相応しい、カラフルな怪談本に仕上がっている。

高田氏から「書いてみない？」と連絡を頂いたときには、随分驚いた。更には、語りに文章にと活躍されている卯ちり氏が共著者と聞かされて、胃が痛くなったものだ。

とはいえ結果として、些かの気負いは残しつつも、今出せる最良の実話怪談を書き起こせたと思っている。楽しんで頂ければ幸いである。

貴重な体験談を快く聞かせて下さった方々、無理を通して諸々協力してくれた友人のS、編著者の高田公太氏と共著者の卯ちり氏、監修を務めた加藤一氏はじめ関係者各位に、この場を借りて御礼申し上げる。

そして最後に、本書を手に取られた読者の方々。

願わくは、皆様の眠れぬ夜に、極彩色の悪夢が訪れますように。

蛙坂須美

怪は住まいから

本書の原稿を四苦八苦しながら執筆している折、八年間住んでいた集合住宅から、築四十年超の戸建て物件へと引っ越した。戸建て住宅に住むのは久しぶりだが、新居に住み始めてみると、一軒家はマンションと比べて随分と怖いなぁと感じる。

屋根裏の鼠の足音。

家鳴り。侵入する虫。消灯した廊下の暗さ。霊感に優れた人達が言うところの、厭な気配や雰囲気というものを鈍感な私が理解することは叶わないが、暗がりと様々な音と気配に囲まれた一軒家で過ごしていると、見えざるものに対する想像力と恐怖の感覚がじわりじわりと生まれてくる。

同居人曰く、先日私が熟睡している筈の深夜に、私の口真似をした謎の声と階段を下りる足音が聞こえたらしい。私自身が怪異の体験者となる日は近いのかもしれない。

最後までお読み頂き、ありがとうございました。また今回、進捗管理から校正までサポートして頂いた編著者の高田公太さんには、特に御礼申し上げます。

卯ちり

「怪談散華」編著ノート

二〇〇七年竹書房刊の実話怪談アンソロジー『超-1　怪コレクション　黄昏の章』に「手遅れ」という怪談が掲載されている。二百十頁余りの文庫本に収蔵された、たった三頁の掌編で、これを著した作家の他の作品は同アンソロジー内にはない。

そして、この「手遅れ」が私のデビュー作である。


本書は近年私が取り組んでいる「新人発掘」の一環として制作されている。

はっきりとこのような物言いをしてしまうと、すわ自己満足の類かと疑うものもいるかもしれないが、そのようなつもりは全くない。二〇二〇年刊行の『東北巡霊　怪の細道』では日本文学を愛する高野真さんと共著作を発表し、二〇二一年の『煙鳥怪奇録　机と海』ではこれまで十五年以上もウェブ上などで無償の怪談語りを披露してきた煙鳥さんに、「広義の新人」として商業デビューしてもらった。両作とも怪談ファンに暖かく受け入れられ、その後の彼らの活躍は更なるものとなったと自負している。

色彩豊かな一冊を作りたいと考えていた。実話怪談における色彩とは、分かり易いところで「怪談個々が持つ方向性の多様さ」、もう少し踏み込むと「体験者の世界を表現する作家個々の筆遣い」などのことを言う。一人で書くとどうしても私だけの色になってしまうので、もっと思いもよらないカラフルさを持った一冊を作りたいと思ったのである。

卯ちりさんは怪談マンスリーコンテストで最恐賞を勝ち取った「湖にある、海」に感銘を受けて共著を依頼した。蛙坂須美さんはウェブ上にて「三柴ゆよし」名義で発表した実話怪談の数々と、SNSで散見される文学への造詣の深さに惚れ込み声を掛けた。締め切りに随分と余裕を持って依頼頁数をゆうに超える量の良作を送ってきた(!)蛙坂さんが筆頭著者となり、卯ちりさんのアジアン怪談が文字通り「思いもよらない」色を本書に塗り込んだ。私は二人の怪談を繋ぐように、あるいはもっと多色になるように筆を執った。

新人の筆には「手遅れ」を書いた頃の私のような瑞々しさがある。この瑞々しさが暴力的ともいえる色彩を怪談に与えるのである。私が十五年前に「手遅れ」掲載で頂いたバトンには未知の力が宿っているのだ。

ここからは前書きに続く。

今、皆さんは極彩色の夥《おびただ》しい華びらに埋まっている。

怪談に埋もれる悦びを堪能して頂ければ、これほど嬉しいことはない。

編著者　高田公太

実話奇彩 怪談散華

2022年9月5日　初版第一刷発行

著……………………………………………………………… 高田公太、卯ちり、蛙坂須美
編………………………………………………………………………………… 高田公太
監修……………………………………………………………………………… 加藤 一
カバーデザイン………………………………………………… 橋元浩明（sowhat.Inc）

発行人………………………………………………………………………… 後藤明信
発行所……………………………………………………………… 株式会社　竹書房
〒102-0075　東京都千代田区三番町8-1　三番町東急ビル6F
email: info@takeshobo.co.jp
http://www.takeshobo.co.jp
印刷・製本……………………………………………………… 中央精版印刷株式会社